NAPOLEON HILL

A CHAVE MESTRA DAS RIQUEZAS

NAPOLEON HILL

A CHAVE MESTRA DAS RIQUEZAS

Tradução
Maria Clara de Biase W. Fernandes

3ª edição

Rio de Janeiro | 2024

CIP-BRASIL. CATALOGAÇÃO NA PUBLICAÇÃO
SINDICATO NACIONAL DOS EDITORES DE LIVROS, RJ

Hill, Napoleon, 1883-1970

H545c   A chave mestra das riquezas / Napoleon Hill ; tradução Maria Clara de Biase
W. Fernandes. - 3. ed. - Rio de Janeiro : BestSeller, 2024.

Tradução de: The master key to riches
ISBN: 978-65-5712-053-8

1. Sucesso. 2. Autorrealização. 3. Técnicas de autoajuda. I. Fernandes, Maria
Clara de Biase W. II. Título.

CDD: 158.1
21-70611   CDU: 159.947

Camila Donis Hartmann - Bibliotecária - CRB-7/6472

Texto revisado segundo o novo Acordo Ortográfico da Língua Portuguesa.

Título original:
The Master Key to Riches

Copyright © 2016 by JMW Group, Inc.
Todos os direitos reservados a JMW Group, Inc.
Direitos exclusivos para o mundo em todo e qualquer idioma de JMW Group.
jmwgroup@jmwgroup.net
www.jmwforlife.com

Copyright da tradução © 2021 by Editora Best Seller Ltda.

Todos os direitos reservados. Proibida a reprodução,
no todo ou em parte, sem autorização prévia por escrito da editora,
sejam quais forem os meios empregados.

Direitos exclusivos de publicação em língua portuguesa para o Brasil
adquiridos pela Editora Best Seller Ltda.
Rua Argentina, 171, parte, São Cristóvão
Rio de Janeiro, RJ – 20921-380
que se reserva a propriedade literária desta tradução.

Impresso no Brasil
ISBN 978-65-5712-053-8

Seja um leitor preferencial Record.
Cadastre-se no site www.record.com.br e receba informações
sobre nossos lançamentos e nossas promoções.

Atendimento e venda direta ao leitor
sac@record.com.br ou (21) 2585-2002

Sumário

Pense! 07

Prólogo 09

CAPÍTULO UM
O início de todas as riquezas 17

CAPÍTULO DOIS
As Doze Riquezas da Vida 29

CAPÍTULO TRÊS
As nove práticas para obter recompensas da vida 39

CAPÍTULO QUATRO
Definição de objetivo 47

CAPÍTULO CINCO
O hábito de Fazer um Esforço a Mais 79

CAPÍTULO SEIS
Amor, o verdadeiro emancipador da humanidade 109

CAPÍTULO SETE

Master Mind   115

CAPÍTULO OITO

A análise de Andrew Carnegie do princípio Master Mind   131

CAPÍTULO NOVE

Fé aplicada   157

CAPÍTULO DEZ

A lei da Força Cósmica do Hábito   187

CAPÍTULO ONZE

Autodisciplina   235

Pense!

Muitos séculos atrás, um filósofo bastante sábio e rico chamado Creso, um conselheiro de Ciro, rei da Pérsia, disse:

Isso me faz lembrar, ó rei, e leve essa lição a sério, de que há uma "Roda em que os assuntos dos homens giram, e seu mecanismo é tal que impede qualquer homem de ser sempre afortunado".

Há uma roda da vida que controla o destino de todos nós! Ela usa o poder do pensamento.

A Chave Mestra das Riquezas foi criada com o objetivo de ajudar você a dominar e controlar essa grande roda, visando produzir abundantemente tudo o que deseja, inclusive as Doze Riquezas da Vida descritas no segundo capítulo deste livro.

Lembre-se de que você está apenas começando a estudar essa filosofia, e que essa mesma roda que "impede qualquer homem de ser sempre afortunado" também pode impedir qualquer pessoa de ser sempre desafortunada, desde que domine sua própria mente e a direcione para a realização de seu Objetivo Principal Definido na vida.

Prólogo

"Deixo como legado para o povo a maior parte da minha vasta fortuna, que consiste na filosofia da realização pessoal, por meio da qual minhas riquezas foram acumuladas."

Assim começa o testamento de um dos homens mais ricos que já viveu neste mundo, com o relato de sua última vontade, e que agora serve como o início do Prólogo de uma história que pode muito bem ser o divisor de águas na vida de quem a lê.

Essa história ocorreu no fim do outono de 1908, quando Andrew Carnegie chamou um homem em quem confiava, íntegro e cujo julgamento respeitava, e confiou a ele o que o Sr. Carnegie disse ser "a maior parte" de sua vasta fortuna, entendendo que o seu legado deveria ser compartilhado com o povo.

Quase um século depois, essa história foi escrita para que você saiba que tem o direito de usufruir desse enorme patrimônio e para informá-lo sobre as condições para isso.

A fim de que você não tome a atitude perfeitamente natural que muitos teriam — que é chegar à falsa conclusão de que as condições para usufruir dessa herança são rígidas demais para serem cumpridas —, vamos tranquilizar sua mente dizendo que elas estão ao alcance de qualquer pessoa adulta de inteligência

A chave mestra das riquezas

mediana, e que não há truques ou falsas esperanças ligados a essas condições ou a essa promessa.

Para saber se tal promessa corresponde a algo de que você precisa ou deseja, permita que eu lhe diga o que ela realmente apresenta:

- Uma descrição objetiva da fórmula pela qual você pode obter todos os benefícios da Chave Mestra das Riquezas — uma chave que pode abrir as portas para a solução de todos os seus problemas e que ajudará a transformar todos os seus fracassos passados em vantagens inestimáveis, e o levará à conquista das Doze Riquezas da Vida, inclusive da segurança econômica.
- Um inventário das vastas riquezas que Andrew Carnegie deixou àqueles qualificados para recebê-las, junto com instruções detalhadas de como usar apropriadamente o seu quinhão.
- Uma descrição dos meios pelos quais você pode obter todos os benefícios da educação, experiência e habilidade técnica daqueles de cuja cooperação você pode precisar para alcançar seu objetivo principal na vida, fornecendo assim um modo prático de superar as desvantagens de uma educação inadequada e atingir os mais altos objetivos da vida com tanto sucesso quanto aqueles abençoados com uma educação formal.
- O privilégio de usar a filosofia de sucesso criada a partir da experiência de vida e do método de tentativa e erro de mais de quinhentos homens bem-sucedidos, entre eles Henry Ford, Thomas A. Edison, William Wrighley Jr.,

Prólogo

Cyrus H. K. Curtis, J. Ogden Armour, Elbert Hubbard, Charles M. Schwab, F. W. Woolworth, Frank A. Vanderlip, Edward Bok, Dr. Alexander Graham Bell, Clarence Darrow e Luther Burbank. Um plano definitivo para qualquer trabalhador assalariado obter uma renda mais alta, com o pleno consentimento e a cooperação de seu empregador.

- Um plano definitivo para que qualquer um inicie seu próprio negócio ou atue em uma profissão com chance de sucesso acima da média. Um plano definitivo para qualquer empresário fidelizar seus clientes e, com a cooperação espontânea deles, conseguir novos clientes que também se tornarão permanentes. Um plano definitivo para qualquer vendedor de seguro de vida ou outro serviço ou produto útil tornar os compradores dispostos a ajudá-lo a encontrar novos clientes. Um plano definitivo para qualquer empregador transformar seus funcionários em amigos pessoais, em circunstâncias que lhe permitirão tornar os negócios mais lucrativos para si mesmo e seus funcionários.

Você tem aqui uma demonstração explícita da minha promessa e a primeira condição para se beneficiar disso é ler este livro mais de uma vez, linha por linha, e pensar enquanto lê!

Nada acontece por acaso! Não foi por mero acaso que os Estados Unidos se tornaram conhecidos como o país "mais rico e mais livre" do mundo. Essa é uma terra de fartura por motivos compreensíveis, cada um deles visivelmente definidos.

O desejo de fartura pode ser egoísta, mas sabemos que é um desejo natural. Andrew Carnegie entendia isso quando decidiu doar sua enorme fortuna. Contudo, guiado pela sabedoria de

A chave mestra das riquezas

uma vida inteira de experiência em lidar com pessoas, salvaguardou sua dádiva estabelecendo certas condições que deveriam ser cumpridas por todos que recebessem uma parte de sua fortuna.

O Sr. Carnegie adotou um novo método de distribuição de riquezas porque reconhecia a fraqueza da humanidade em desejar algo só por desejar. Ele sabia que pessoas de todas as épocas e camadas sociais buscavam uma "terra que mana leite e mel".

Também sabia que a dádiva de qualquer forma de riqueza sem algum tipo de retribuição geralmente prejudica mais do que beneficia quem a recebe. Por isso, sabiamente estabeleceu algumas condições a serem cumpridas por aqueles que a recebessem, a fim de evitar a fraqueza recorrente de desejar algo por desejar.

Analisando a história, o Sr. Carnegie reconheceu que esse desejo foi o objeto da busca dos espiões enviados por Moisés e Josué, porque os filhos de Israel, após terem vivido o trabalho escravo no Egito por muitos anos, fazendo tijolos sem palha, tinham escapado do faraó e esperavam, depois de um longo período no deserto, por uma oportunidade de atravessar o mar em direção à terra da fartura.

A descrição magnífica da abundância nessa terra foi o incentivo que tornou possível a seus líderes, contra forte oposição, manter a solidariedade das pessoas até atingirem seus objetivos.

Uma história análoga a essa é a da migração de oprimidos da Inglaterra para o Novo Mundo. Eles buscavam não só uma terra de fartura material, mas farta também em oportunidades de expressão de natureza individual, liberdade religiosa e de opinião, e o próprio objetivo de sua migração garantiu o sucesso do mais notável passo dado por qualquer grupo na história moderna.

Prólogo

Os imigrantes ingleses criaram uma terra próspera. A abundância é consequência de seus esforços, simplesmente porque se basearam em uma filosofia sólida, um objetivo construtivo que Andrew Carnegie reconheceu séculos depois. E não só o transformou em uma enorme fortuna para si mesmo, como também deixou para as gerações futuras um conjunto de regras simples, uma Chave Mestra com a qual também podem obter riquezas.

Com esse esforço pioneiro ao longo dos anos, os descendentes daqueles bem-sucedidos peregrinos construíram uma civilização nunca vista na história mundial, uma cultura que ultrapassa aquela que tenha sido a maior de todos os tempos; padrões de vida melhores do que a humanidade conhecia até então, qualidade de vida, conforto, luxo, oportunidades para as pessoas mais humildes que o mundo jamais vira. Todas essas vantagens foram resultado de uma base sólida; uma forma perfeita de Estado destinada a ser bem-sucedida porque era prática.

Uma civilização assim nunca havia existido em toda a história da humanidade. Houve muitos períodos em que os avanços foram aclamados com entusiasmo, mas em todos os casos eles estavam limitados a uma porcentagem relativamente pequena da população.

A diferença entre cada um desses períodos do passado distante e do nosso presente é que no passado as massas estavam sob o jugo de soberanos, muitos deles tiranos, enquanto nós temos um padrão de vida que nem mesmo os reis daquele tempo conheciam.

A chave mestra das riquezas

Assim, representamos uma diferença entre as eras culturais do passado e do presente. Se desejar, estude as vantagens de que usufruem os norte-americanos de hoje, até mesmo os mais humildes. Educação e entretenimento gratuitos, rádio, automóveis, viagens de avião, rodovias, meios de comunicação avançados, liberdade religiosa. Essas e milhares de outras vantagens negadas aos camponeses do passado são agora comuns a qualquer cidadão.

Essa diferença, que se deve à mudança fundamental de motivos e objetivos, tornou-se possível pelos avanços práticos no estilo de vida norte-americano que nunca tinham sido experimentados na Europa ou em outra parte do Velho Mundo.

Homens e mulheres tiveram liberdade para seguir sua própria consciência, exercer a liberdade religiosa, de opinião, de imprensa e convicções políticas, liberdade para o pleno exercício de iniciativa pessoal em qualquer área de escolha, e foram protegidos por uma forma de governo que lhes garantiu os frutos de seu trabalho.

Isso vem do fato de que a liberdade, a vida e a busca pela felicidade constituíram a base do desenvolvimento dessa nação, e seu ideal de fartura era o objetivo de todos os cidadãos.

Quando os trabalhadores começaram a expressar suas vontades enquanto sujeitos, depois como grupos e, mais tarde, para segurança e proteção enquanto corporações, com o capital financiado por trabalhadores e não trabalhadores, os funcionários aprenderam a arte de vender e de competir, os benefícios da iniciativa pessoal e a necessidade de produção honesta para justificar a arte da propaganda.

Prólogo

Todos esses fatores juntos justificaram uma produção maior a um preço mais baixo, para que mais pessoas pudessem pagar por produtos norte-americanos, e mais pessoas se engajassem na produção.

Em resumo, essa é a essência do sistema norte-americano — uma fé bem expressa, parcimônia, confiança uns nos outros, iniciativa pessoal e um senso de justiça nos relacionamentos humanos.

Ao descrever essa história do caminho para as riquezas, é necessário que o leitor complemente uma parte da história com seus próprios pensamentos e compare nossas afirmações com sua própria experiência. Isso, por sua vez, exige que você tenha uma visão objetiva da história das fontes de riqueza norte--americanas para se certificar de que está recebendo a sua parte.

Nesse espírito, nós nos aproximamos da descrição da Chave Mestra, de cujo uso vêm todas as riquezas conhecidas pelo povo norte-americano.

Que desde o início fique evidente que quando falamos em "riquezas" temos em mente todas elas, não apenas as representadas por saldos bancários e bens materiais.

Temos em mente as riquezas da liberdade e autonomia, maiores do que as de qualquer outra nação.

Temos em mente as riquezas dos relacionamentos humanos por meio das quais todos os cidadãos podem exercer plenamente o privilégio da iniciativa pessoal em qualquer área escolhida. Também as riquezas do sistema de livre-iniciativa que fez a indústria norte-americana ser invejada em todo o mundo, as riquezas da liberdade de imprensa, as escolas públicas gratuitas e os locais de culto gratuitos.

A chave mestra das riquezas

Portanto, quando falamos de "riquezas", estamos nos referindo a uma vida de abundância.

No entanto, que fique entendido que não oferecemos a ninguém nenhuma sugestão sobre a natureza das riquezas que deveria almejar, tampouco quanto deveria obter.

Esperamos, sinceramente, que de algum modo todos os leitores almejem sua parte não só daquilo que o dinheiro pode comprar, mas também do que não pode!

Não diremos a ninguém como viver a vida, mas sabemos, tendo observado os ricos e os pobres, que apenas riquezas materiais não são garantia de felicidade.

Ainda não encontramos uma pessoa realmente feliz que não estivesse engajada em algum serviço em benefício dos outros. E conhecemos muitas pessoas ricas em termos de bens materiais, mas que não encontraram a felicidade.

Fazemos essas observações não como uma pregação, mas para estimular aqueles que, em virtude das riquezas materiais abundantes, as têm como certas e perderam de vista os aspectos impagáveis da vida que só podem ser obtidos por meio das riquezas imateriais que mencionamos.

Embora algumas pessoas já desfrutem do mais alto padrão de vida do mundo, não estamos satisfeitos com esse padrão, e nos propomos a descrever por que acreditamos que ele possa ser ainda melhor.

Nas páginas a seguir, você verá como também pode contribuir para melhorar seu estilo de vida e a vida de todos com quem forma laços estreitos.

CAPÍTULO UM

O início de todas as riquezas

Eles estavam reunidos na sala de conferências do maior hotel do mundo. Um lugar em que todos os grandes oradores motivacionais de nosso tempo poderiam ter aparecido. Mas, naquele dia, uma plateia maior do que nunca tinha vindo para ver apenas um homem, atraída pela possibilidade de aprender como obter o mesmo nível de sucesso dele. Anúncios promovendo o evento não revelaram o nome do orador, mas diziam que ele valia bilhões de dólares. Líderes de grandes nações haviam pedido seus conselhos. Diretores das maiores corporações internacionais tinham buscado seu feedback. Mas, naquele dia, ele queria falar para um público mais abrangente — gente que, como ele no passado, estava curiosa para saber os segredos que separavam as pessoas que podiam usufruir de todo o seu potencial na vida daquelas que apenas conseguiam sobreviver.

Aquela foi uma conferência de um único orador, para a qual não houve taxa de inscrição nem exigência de participação. Contudo, aos que escolheram ficar, foi pedido que assinassem

A chave mestra das riquezas

uma declaração de que compartilhariam livremente as informações obtidas quando a conferência terminasse.

Ninguém sabia qual seria o foco da discussão. Não obstante, pessoas de todas as camadas sociais foram convidadas. Havia médicos, advogados, dentistas, motoristas de táxi, comerciantes, engenheiros, trabalhadores da construção civil e professores esperando para ouvir o que o orador poderia ter a dizer que os colocaria no caminho para as riquezas.

Líderes de todas as religiões estavam presentes, na esperança de que a mensagem do orador lhes desse algumas ideias inspiradoras que pudessem ser transmitidas aos membros de suas congregações.

Repórteres de jornais eram mais numerosos do que abelhas, com um grande número de operadores de câmera treinados na tribuna do orador. Equipes de noticiários competiam por seu espaço perto do palco.

A cortina começou a subir lentamente, e um homem bem vestido com um terno escuro foi até a tribuna e ergueu a mão pedindo silêncio. O barulho diminuiu e um "shhh" foi ouvido no auditório.

A apresentação foi breve. Ele simplesmente disse:

— Senhoras e senhores, tenho a honra de lhes apresentar o homem mais rico do mundo. Ele veio falar com vocês sobre a Chave Mestra das Riquezas.

Naquele instante, um homem alto, segurando várias folhas de papel, caminhou rapidamente até a tribuna.

Ele estava impecavelmente vestido com um terno azul-marinho, camisa de listras azuis e douradas e uma gravata dourada. Suas abotoaduras de diamantes cintilavam sob as luzes do palco. Parecia, em uma palavra, rico.

O início de todas as riquezas

Seus cabelos grisalhos eram grossos e elegantes. Ele devia ter uns 60 anos.

O homem ficou em silêncio por alguns segundos, enquanto flashes disparavam. Então, devagar e em uma voz que exigia atenção, começou a falar.

O que estou prestes a dizer hoje pode lhes parecer fantasioso, mas peço que me escutem. Vocês vieram aqui em busca da "Chave Mestra das Riquezas"! Vieram pelo desejo humano de obter coisas melhores na vida, o que é o desejo universal de todas as pessoas. Alguns de vocês desejam segurança econômica, que só o dinheiro pode oferecer.

Outros desejam um meio de expressar seus talentos para ter a alegria de gerar suas próprias riquezas.

Alguns de vocês buscam o caminho fácil para enriquecer, na esperança de encontrá-lo por acaso; esse também é um desejo comum. Mas é um desejo que espero modificar em seu benefício, porque aprendi com a experiência que as coisas não acontecem a troco de nada.

Só há um caminho certo para as riquezas, e ele só pode ser alcançado por quem tem o que eu chamo de "Chave Mestra das Riquezas".

O público permaneceu em silêncio. O discurso do homem parecia exagerado e grandioso. Não fosse por sua conhecida reputação, muitos teriam preferido sair do auditório e deixá-lo falando sozinho. Contudo, sabiam que aquele homem tinha muito a oferecer; então, decidiram ignorar seu próprio ceticismo e permanecer em suas cadeiras.

Esta era a mensagem dele:

A chave mestra das riquezas

A "Chave Mestra" é uma ferramenta engenhosa; quem a possui pode abrir a porta da solução de todos os seus problemas. Os poderes mágicos dessa ferramenta transcendem os do próprio Houdini.

Ela abre a porta da boa saúde.

Ela abre a porta do amor e do romance.

Ela abre a porta da amizade, revelando os traços de personalidade e caráter que criam laços duradouros.

Ela revela o método pelo qual todas as adversidades, todos os fracassos, decepções, erros de julgamento e todas as derrotas do passado podem se transformar em riquezas de um valor inestimável.

Ela reaviva as esperanças mortas de todos os que a possuem, e revela a fórmula para "sintonizar-se" e usar o grande reservatório de Inteligência Infinita, por meio do estado mental conhecido como fé. Ela alça pessoas humildes a posições de poder, fama e fortuna.

Ela faz recuar as mãos do tempo e renova o espírito de juventude daqueles que envelheceram cedo demais.

Ela fornece o método pelo qual é possível dominar por completo a própria mente, oferecendo um controle inquestionável das emoções do coração e do poder do pensamento.

Ela corrige as falhas daqueles que não tiveram uma educação formal adequada e os coloca basicamente no mesmo patamar de oportunidades daqueles com uma educação mais completa.

E, finalmente, a Chave Mestra abre as portas, uma a uma, do que eu chamo de as Doze Grandes Riquezas da Vida, que descreverei detalhadamente a seguir.

O início de todas as riquezas

Escutem atentamente o que tenho a dizer. Escutem não só com os ouvidos abertos, mas também com a mente aberta e o coração ansioso, lembrando-se de que não podemos ouvir o que não estamos preparados para ouvir. Essa preparação consiste de muitos aspectos, entre eles a sinceridade de propósito, a humildade de coração e o pleno reconhecimento do fato de que ninguém sabe tudo, de que os conhecimentos combinados da humanidade não foram suficientes para evitar que destruíssemos uns aos outros em guerras e tampouco nos impediram de enganar e roubar os frutos do trabalho alheio. Devo lhes dar evidências e descrever muitos princípios dos quais grande parte de vocês nunca ouviu falar, porque são conhecidos apenas por aqueles que se prepararam para aceitar o conselho que tenho a oferecer a um pequeno, mas sempre crescente, número de pessoas que alcançaram o Nível de Fraternidade.

Atingindo o Nível de Fraternidade

A Fraternidade é composta de pessoas de muitas classes sociais, nacionalidades e credos. Seu objetivo é revelar os benefícios do espírito por compartilhar sabedoria universal. A Fraternidade não é sectária ou comercial. Seus membros trabalham individualmente. Ela não tem líderes proclamados, mas todas as pessoas qualificadas para o Nível de Fraternidade se tornam líderes por si mesmas. A única condição exigida para ser membro é que partilhem com os outros os benefícios que obtiveram desses ensinamentos — com tantos quanto for possível encontrar e com todos os que estejam dispostos a se preparar para obtê-los.

A chave mestra das riquezas

A Fraternidade prepara homens e mulheres para se relacionarem como irmãos e irmãs. Reconhece a abundância de riquezas materiais para todos e fornece um plano racional para usufruírem dessas riquezas na proporção de seus talentos, porque são expressos por meio do serviço útil.

Ela desaprova a ideia de muito para poucos e pouco para muitos, e ainda desencoraja os que tentam obter algo sem um propósito. Desencoraja também o acúmulo de riquezas por parte de indivíduos cuja ganância os inspira a buscar mais do que necessitam para sua própria segurança econômica e para fornecer oportunidades pelas quais outros podem obter essa segurança.

A Fraternidade tem uma tarefa maravilhosa. A civilização deve viver e andar para a frente, não para trás. Devemos aprender a viver juntos para que possamos andar de mãos dadas, fazer o trabalho do mundo e colher nossa justa recompensa, sem pobreza, dificuldade, medo ou hesitação.

Os membros da Fraternidade aprenderam a fazer isso sem perder nenhuma das alegrias da vida ou sacrificar seus direitos individuais. Eles descobriram que a Fraternidade era o único caminho para a felicidade duradoura.

Eu vim para lhes falar sobre a Fraternidade e pôr em suas mãos o que descrevo como as Doze Grandes Riquezas.

Os muitos eus que o guiam

Antes de descrever as Doze Grandes Riquezas, permitam-me revelar algumas das riquezas que vocês já possuem e das quais podem não ter consciência.

O início de todas as riquezas

Em primeiro lugar, reconheçam que cada um de vocês tem uma personalidade plural, embora possam se ver como uma personalidade singular. Vocês e qualquer pessoa no mundo consistem de pelo menos duas personalidades distintas, e muitos têm outras mais.

Há aquele eu que você reconhece quando se olha no espelho. Esse é seu eu físico. Mas essa é apenas a casa que seus outros eus habitam. Nessa casa há pelo menos dois indivíduos em eterno conflito.

O primeiro é um tipo de pessoa negativa que pensa, age e vive em função de medo, dúvida, escassez e problemas de saúde. Esse eu espera fracasso e raramente se desaponta. Ele pensa nas circunstâncias da vida que não quer, mas parece forçado a aceitar — pobreza, ganância, superstição, medo, dúvida, preocupação e doença física.

O segundo é seu "outro eu", um tipo de pessoa positiva que pensa em termos de opulência, boa saúde, amor, amizade, realização pessoal, visão criativa e serviço aos outros, e que o guia infalivelmente para a obtenção de todas essas bênçãos. É esse eu que, sozinho, é capaz de reconhecer e se apropriar das Doze Grandes Riquezas. É a única pessoa capaz de receber a Chave Mestra das Riquezas.

Não estou falando de personalidades imaginárias. Elas são reais, porque foram reveladas por meio de investigações científicas de irrepreensível autenticidade. Muitos de vocês talvez tenham ouvido falar em Martin Seligman, um renomado psicólogo e pesquisador clínico que estudou os efeitos do otimismo, ou pensamento positivo, por mais de 25 anos.

A chave mestra das riquezas

A pesquisa dele é apenas um dos muitos exemplos científicos disponíveis que demonstraram o poder de nossos pensamentos sobre nosso destino.

Então vocês têm muitos outros bens dos quais talvez não tenham consciência; riquezas ocultas que nunca reconheceram e tampouco usaram. Uma delas é uma emissora de rádio transmissora e receptora tão potente que pode captar e enviar vibrações de pensamentos para qualquer parte do mundo, tendo inclusive o potencial de alcançar o cosmos e se sintonizar com o poder da Inteligência Infinita.

Sua emissora opera automática e constantemente, estejam vocês dormindo ou despertos. E está o tempo todo sob o controle de uma ou outra de suas duas principais personalidades, a negativa ou a positiva. Quando sua personalidade negativa está no controle, a emissora capta apenas as vibrações dos pensamentos negativos enviados por centenas de milhões de outras personalidades negativas em todo o mundo. Essas vibrações são aceitas e assimiladas, e se traduzem na forma de seus equivalentes físicos em termos das circunstâncias de vida que você não deseja.

Quando sua personalidade positiva está no controle, capta apenas as vibrações de pensamentos positivos liberados por milhões de outras personalidades positivas em todo o mundo e se traduz em seus equivalentes físicos em forma de boa saúde, amor, esperança, fé, paz de espírito e felicidade — os valores da vida que vocês e todas as pessoas buscam.

O início de todas as riquezas

A obrigação de compartilhar a riqueza

Por que vocês deveriam acreditar no que estou dizendo? Por que deveriam acreditar que ofereço as lições de que vocês precisam para serem bem-sucedidos? Como sabem, eu sou considerado um dos homens mais ricos e influentes do mundo. Porém, não nasci rico.

Eu nasci na pobreza e na ignorância. Minha educação formal se limita ao conhecimento que obtive em uma escola rural de ensino fundamental. E, no que me dizia respeito, todo o universo não se estendia muito além dos limites do condado interiorano em que nasci. Então o amor entrou em meu coração, e com a influência da melhor pessoa que eu poderia esperar conhecer. Ela se tornou minha esposa e guia, porque veio de um mundo fora do meu — um mundo que eu não suspeitava que pudesse existir. Ela era culta e bem educada. Com ela, aprendi alguns dos segredos da biologia, química, astronomia e física. Ela foi bem fundo em minha alma e descobriu aquele "outro eu" que eu não conhecia.

Passo a passo, com paciência e amor, ela me ergueu a um patamar mais elevado de entendimento até eu finalmente estar pronto para receber a grande dádiva que compartilharei com vocês na esperança de que se tornem tão ricos quanto eu.

Com essa bênção também veio uma responsabilidade, que consiste na obrigação de revelar os segredos do que chamo de "a grande Chave Mestra" a todos vocês que estiverem preparados para recebê-la. Mas deixem-me avisá-los que a Chave Mestra só pode ser mantida por aqueles que aceitam a obrigação de compartilhá-la com os outros. Ninguém pode usá-la egoisticamente apenas para seu próprio engrandecimento.

A chave mestra das riquezas

Os fundadores do Rotary Club devem ter reconhecido os benefícios de compartilhar, porque adotaram como lema "Mais se beneficia quem melhor serve". E qualquer observador atento acaba percebendo que todos os sucessos individuais duradouros tiveram início com a influência benéfica de outro indivíduo, por meio de alguma forma de partilha.

Minha grande oportunidade se mostrou na disposição de minha esposa em compartilhar seu conhecimento comigo, além do conhecimento que adquiri com os princípios que a Chave Mestra pôs ao meu alcance.

Sua oportunidade pode muito bem ser a minha disposição em compartilhar todo esse conhecimento com vocês. Mas lembrem-se de que não vim apenas para lhes proporcionar riquezas materiais. Vim compartilhar o conhecimento pelo qual vocês podem obter riquezas — todas elas — por meio da expressão de suas próprias iniciativas pessoais. Essa é a maior de todas as dádivas! E é o único tipo de dádiva que qualquer pessoa, abençoada com as vantagens de uma grande nação como a nossa, poderia esperar. Porque aqui temos todas as possíveis formas de riqueza disponíveis para a humanidade. Nós as temos em abundância.

Então, presumo que vocês também queiram se tornar ricos.

Permitam que nos tornemos parceiros na realização de seu desejo, porque eu encontrei o caminho para todas as riquezas. Portanto, estou preparado para ser seu guia.

Busquei o caminho mais difícil para as riquezas antes de aprender que há um caminho curto e confiável que eu poderia ter seguido se tivesse sido guiado, como espero fazer com você.

O início de todas as riquezas

Antes de dar início à nossa jornada para a terra das riquezas, devemos fazer um inventário para saber a verdadeira natureza delas. É importante estarmos preparados para reconhecê-las quando estiverem ao nosso alcance.

Alguns acreditam que as riquezas se resumem a dinheiro. Mas riquezas duradouras, no sentido mais amplo, compreendem muitos outros valores além de bens materiais, e posso acrescentar que sem esses outros valores imateriais o dinheiro não trará a felicidade que alguns acreditam.

Quando falo de "riquezas", refiro-me às riquezas maiores, que fizeram a vida valer a pena para quem as possuiu, levando-os a uma vida de plena felicidade. Eu as chamo de "Doze Riquezas da Vida", e estou disposto a compartilhá-las com quem estiver preparado para recebê-las, no todo ou em parte.

Vocês podem estar se perguntando sobre essa minha disposição, por isso devo lhes dizer que a Chave Mestra das Riquezas permite que seus detentores acrescentem a seu próprio depósito de riquezas tudo de valor que desejam compartilhar. Esse é um dos fatos mais estranhos da vida, mas cada um de vocês deve reconhecê-lo e respeitá-lo se deseja se tornar tão rico quanto eu.

CAPÍTULO DOIS

As Doze Riquezas da Vida

Era a hora do intervalo. Quando a plateia se levantou de suas cadeiras, as equipes de filmagem começaram a encerrar suas atividades. Tinham tudo que precisavam para uma curta reportagem no noticiário noturno e não pensavam que haveria muito mais a relatar. Algumas pessoas se encaminharam para a saída, mas muitas voltaram aos seus lugares, intrigadas e ansiosas por ouvir o que mais aquele homem fascinante tinha a dizer.

Durante o intervalo, o palestrante deixou o palco. Quando voltou, trazia nas mãos um gráfico com uma lista de itens. Várias pessoas da plateia pegaram suas canetas e começaram a copiar a lista. Enquanto escreviam apressadamente, o homem recomeçou a falar:

Como mencionei antes do intervalo, talvez a maior de todas as riquezas que cada um de nós possui seja uma atitude mental positiva. Todas as riquezas, de qualquer natureza, começam como um estado mental, e vamos lembrar que um estado mental é a única coisa sobre a qual se tem total e inegável direito de

A chave mestra das riquezas

controle. É altamente significativo que nenhum de nós tenha controle sobre nada, a não ser o poder de mudar os próprios pensamentos e o privilégio de ajustá-los a qualquer padrão de escolha.

A atitude mental é importante porque transforma o cérebro em um ímã que atrai o que corresponde aos pensamentos, às metas e aos objetivos dominantes. Também atrai o que corresponde aos medos, às preocupações e às dúvidas.

Uma atitude mental positiva é o ponto de partida para todas as riquezas, sejam de natureza material ou imaterial. Ela atrai as riquezas da verdadeira amizade e aquelas que encontramos na esperança de futura realização. Fornece as riquezas que podem ser encontradas no trabalho da Natureza, porque existem nas noites de luar, nas estrelas no céu e nas belas paisagens em horizontes distantes.

Ela atrai as riquezas encontradas no trabalho de sua escolha, onde uma pessoa pode se expressar no plano mais elevado da alma humana.

Ela atrai as riquezas da harmonia nos relacionamentos domésticos, em que todos os membros da família trabalham juntos num espírito de amigável cooperação.

Uma atitude mental positiva cria as riquezas da libertação do medo e as riquezas do entusiasmo, tanto ativo quanto passivo.

Ela inspira as riquezas das canções e das risadas, que indicam os estados mentais.

E as riquezas da autodisciplina, por meio da qual se pode ter a alegria de saber que a mente pode e vai servir a qualquer fim desejado se a dominarmos e comandarmos com um objetivo definido.

Ela traz à tona as riquezas das brincadeiras, que nos possibilitam pôr de lado todos os fardos da vida e voltar à infância.

E as riquezas da descoberta do "outro eu" — o eu que não vê a realidade como um fracasso permanente.

Ela desenvolve as riquezas da fé no universo, do qual cada mente individual é uma minúscula projeção.

E as riquezas da meditação, a conexão que torna possível usufruirmos à vontade do grande suprimento universal de Inteligência Infinita.

Essas e todas as outras riquezas começam com uma atitude mental positiva. Por isso, não admira que uma atitude mental positiva esteja no topo da lista das "Doze Riquezas".

Ele então descreveu as outras onze riquezas, resumidas aqui.

2. Boa saúde física

A boa saúde começa com uma "consciência da saúde" produzida por uma mente que pensa em termos de saúde, e não em termos de doença. Isso exige comer com moderação e um compromisso com a atividade física.

3. Harmonia nos relacionamentos humanos

A harmonia com os outros começa com a harmonia consigo mesmo. Como disse Shakespeare, há benefícios em seguir essa regra. "Sobretudo sê fiel e verdadeiro contigo mesmo; e como a noite ao dia, seguir-se-á que a ninguém serás falso."

4. Libertação do medo

Ninguém que teme alguma coisa consegue ser livre. O medo é um arauto do demônio, e sempre que ele aparece é possível descobrir sua causa, que deve ser eliminada antes que alguém possa se tornar rico no sentido mais amplo. Os sete medos básicos que surgem com mais frequência em nossa mente são (1) medo da pobreza, (2) medo da crítica, (3) medo dos problemas de saúde, (4) medo da perda do amor, (5) medo da perda da liberdade, (6) medo da velhice e (7) medo da morte.

5. A esperança de realização pessoal

A maior de todas as formas de felicidade resulta da esperança de realização de algum desejo ainda não satisfeito. A pessoa incapaz de olhar para o futuro com esperança de se tornar quem gostaria de ser, ou de acreditar que alcançará o objetivo almejado, é indescritivelmente pobre.

6. A capacidade de ter fé

A fé é a conexão entre a mente consciente e o grande universo. É o solo fértil do jardim da imaginação humana, onde podem ser produzidas todas as riquezas da vida. É o "elixir eterno" que dá poder criativo e ação aos impulsos do pensamento. A fé é a base de todos os assim chamados milagres e de muitos mistérios que não podem ser explicados pelas regras da lógica ou da ciência. É a "química" espiritual que, quando unida à oração, proporciona uma conexão direta e imediata com seu Deus.

As Doze Riquezas da Vida

A fé é o poder que transmuta energias de pensamentos comuns em seus equivalentes espirituais.

7. Disposição de compartilhar dádivas

Aqueles que não aprenderam a compartilhar não aprenderam o verdadeiro caminho para a felicidade, porque a felicidade só vem com a partilha. Todas as riquezas podem ser embelezadas e multiplicadas pelo simples processo de compartilhá-las quando puderem servir a outras pessoas. O espaço que ocupamos no coração dos outros é determinado exatamente pelo serviço prestado por meio de alguma forma de compartilhamento de dádivas.

As riquezas que não são compartilhadas, sejam materiais ou imateriais, murcham e morrem, como a rosa em um galho cortado, porque uma das primeiras leis da natureza é que a inação e o desuso levam a decadência e morte, e essa lei se aplica tanto a bens materiais quanto às células vivas em todos os corpos físicos.

8. Um trabalho de amor

Ninguém é mais rico do que aquele que encontrou um trabalho de amor e está empenhado em realizá-lo. O trabalho é a forma mais elevada de expressão humana do desejo. É a ligação entre a demanda e o suprimento de todas as necessidades humanas. É o precursor de todo o progresso humano e o meio pelo qual a imaginação ganha as asas da ação. Todos os trabalhos de amor são santificados porque trazem a alegria da autoexpressão.

A chave mestra das riquezas

9. Uma mente aberta a todos os tópicos

A tolerância, um dos maiores atributos da cultura, só é expressa pela pessoa com mente aberta a todos os tópicos, o tempo todo. E só quem tem a mente aberta se torna realmente educado e, portanto, preparado para receber as maiores riquezas da vida.

10. Autodisciplina

Quem não domina a autodisciplina nunca se tornará mestre. Quem não domina a si mesmo não pode se tornar mestre de seu próprio destino terreno. A forma mais elevada de autodisciplina consiste na expressão de humildade do coração quando se tiver obtido grandes riquezas, ou o que é comumente chamado de "sucesso".

11. A capacidade de compreender as pessoas

Aqueles que são ricos em sua compreensão das pessoas sempre reconhecem que todos são essencialmente iguais no sentido de terem evoluído da mesma origem, e que todas as atividades humanas são inspiradas por um ou mais dos nove motivos básicos da vida, que incluem:

1. A emoção do amor

2. O desejo de sexo

3. O desejo de ganho material

4. O desejo de autopreservação

As Doze Riquezas da Vida

5. O desejo de liberdade de corpo e mente

6. O desejo de autoexpressão

7. O desejo de perpetuação da vida após a morte

8. A emoção da raiva

9. A emoção do medo

Quem compreende o que motiva os outros deve primeiro compreender o que o motiva.

A capacidade de compreender os outros elimina muitas das causas comuns de atritos entre as pessoas. É a base de todas as amizades e de toda a harmonia e cooperação. É de fundamental importância em todas as lideranças que exigem uma cooperação amistosa.

12. Segurança econômica

A última, mas não menos importante das Doze Riquezas, é a segurança econômica.

Ela não é obtida apenas pela posse de dinheiro, mas pelo serviço prestado, porque o serviço útil pode se traduzir em todas as formas de necessidades humanas, com ou sem o uso de dinheiro.

Henry Ford tinha segurança econômica não porque controlava uma grande fortuna financeira, mas por um motivo maior: ter proporcionado emprego estável para milhões de homens e mulheres, bem como os primeiros automóveis confiáveis para uma quantidade ainda maior de pessoas. O serviço que ele prestou atraiu o dinheiro que controlava. É assim que toda segurança econômica duradoura deve ser alcançada.

Apresentarei a vocês os princípios básicos pelos quais o dinheiro e todas as outras formas de riquezas podem ser obtidos, mas primeiro vocês devem estar preparados para aplicar esses princípios. Sua mente deve ser condicionada à aceitação das riquezas, assim como o solo deve ser preparado para o plantio. Talvez vocês já tenham ouvido a expressão "quando o discípulo está pronto, o mestre aparece".

Isso não significa que as coisas das quais alguém possa precisar surgirão sem uma razão, porque há uma grande diferença entre as "necessidades" de uma pessoa e a prontidão para receber. Deixar de lado essa distinção é ignorar os maiores benefícios que tentarei transmitir.

O desafio de abraçar novas ideias

No início, isso pode parecer estranho, mas vocês não devem se sentir desencorajados, pois todas as novas ideias parecem estranhas. Se duvidarem que essa abordagem é prática, revigorem-se com o fato de que ela me trouxe riquezas em abundância.

O progresso humano sempre foi lento porque as pessoas relutam em aceitar novas ideias.

Quando Samuel Morse anunciou sua descoberta do telégrafo, em vez de recebê-la com agrado, o mundo zombou dele. As pessoas nunca tinham visto um sistema daquele tipo. Não era ortodoxo, era novo, e por isso gerou desconfiança e dúvida.

O mundo também zombou de Marconi quando ele aperfeiçoou o código Morse. O mesmo ocorreu com o homem que reconhecemos hoje como um gênio injustiçado: Thomas A. Edison. Ele não foi homenageado em seu tempo, mas ridicularizado por sua lâmpada elétrica. O mundo recebeu bem a carruagem sem cavalos de Ford? Não, ele passou pela mesma experiência!

Então não foi nenhuma surpresa quando os lendários Wilbur e Orville Wright apresentaram sua absurda máquina voadora. Com efeito, repórteres de jornais se recusaram a assistir a uma demonstração daquele ridículo avião.

O rádio, em vez de ser reconhecido como o milagre que era, foi considerado um brinquedo para uma diversão infantil, e nada mais.

Trago esses exemplos para o caso de vocês presumirem que as pessoas daquele tempo tivessem se maravilhado com esses titãs tanto quanto a história se maravilhou.

Não; o que eles propuseram era novo, desconhecido. O que estou propondo a vocês é igualmente novo, e lhes digo para não se sentirem desencorajados. O desconhecido nem sempre merece desconfiança e desdém. Sigam meu raciocínio, aceitem minha filosofia e tenham a certeza de que funcionará para vocês como funcionou para mim.

Servindo como seu guia, eu serei recompensado por meus esforços na exata proporção dos benefícios que vocês receberem. A lei eterna da compensação garante isso. Minha compensação pode não vir diretamente de vocês, mas virá de um modo ou de outro, porque é parte do grande "plano cósmico" que nenhum serviço útil seja prestado por alguém sem uma justa compensação. Como disse Emerson, "faça a coisa e você terá o poder".

A chave mestra das riquezas

Fora a compensação que receberei por minha tentativa de servi-los, há a obrigação que devo ao mundo pelas bênçãos que recebi. Não obtive minhas riquezas sem a ajuda de muitos outros. Tenho observado que todos que alcançaram riquezas duradouras subiram a escada da opulência com as duas mãos estendidas: uma para cima, para receber a ajuda dos que estavam no topo, e a outra para baixo, na direção daqueles que ainda estavam subindo.

Então, me permitam alertar aos que estão trilhando o caminho para as riquezas que vocês também devem prosseguir com as mãos estendidas, para dar e receber ajuda. É um fato bem conhecido que ninguém obtém sucesso ou riquezas duradouros sem ajudar outras pessoas. Para *receber*, é preciso *dar*! Estou transmitindo essa mensagem para vocês hoje, pois assim estarei dando!

O próximo passo no processo de "condicionar" sua mente a obter riquezas é aprender as Nove Práticas para receber as recompensas da vida.

Essas práticas são úteis quando estou acordado ou dormindo. Elas me protegem contra o medo, a inveja, a ganância, a dúvida, a indecisão e a procrastinação. Têm me inspirado a seguir minha própria iniciativa; mantiveram minha imaginação ativa e me deram a definição de objetivo e fé para garantir sua realização. Foram os verdadeiros "condicionadores" da minha mente e criaram minha atitude mental positiva!

Está na hora do almoço, mas, quando voltarmos, eu gostaria de compartilhá-las com vocês para que elas também possam lhes fornecer as mesmas recompensas.

CAPÍTULO TRÊS

As nove práticas para obter recompensas da vida

Os participantes da conferência se reuniram no fundo do auditório. Alguns se aproximaram do palco, ansiosos para fazer perguntas para o orador convidado, mas ele já tinha se retirado.
Uma hora depois, todos estavam de volta a seus assentos. Dessa vez, ninguém decidiu ir para casa. Eles pareciam ansiosos demais para ouvir sobre as Nove Práticas que os ajudariam a obter a Chave Mestra das Riquezas.

Tão logo a plateia se acomodou, o orador voltou ao seu lugar no palco.

Estou feliz em ver que todos retornaram. Prometi que compartilharia com vocês as práticas que uso para manter minha visão positiva da vida. Então, permitam-me fazer isso agora. A primeira delas é a Gratidão. Pratiquem ser gratos por tudo com que a vida os abençoou. Todos os dias eu expresso minha gratidão pelo que recebi. E digo:

A chave mestra das riquezas

"Hoje foi lindo.
Tive saúde física e mental.
Tive comida e roupas.
Tive outro dia para servir aos outros.
Tive paz de espírito e fiquei livre de todo medo.
Sou grato por essas bênçãos."

A prática seguinte é a da Prosperidade Material. Todos os dias vocês devem sintonizar a mente com uma consciência de opulência e abundância, livres do medo de pobreza e carência.

A terceira é a prática da Boa Saúde Física. Estejam diariamente conscientes de como estão tratando seu corpo, do que estão comendo e de como estão administrando o estresse. Estar consciente de sua saúde os ajuda a valorizá-la e a mantê-la.

A quarta é a prática da Paz de Espírito. Procurem manter a mente livre de todas as inibições e limitações autoimpostas, fornecendo ao corpo e à mente total descanso.

A seguir vem a prática da Esperança. Sejam gratos pela satisfação dos desejos de hoje e pela promessa de realização dos objetivos de amanhã.

A sexta é a prática da Fé, o que quer que ela signifique para vocês. Sou grato a Deus pela orientação que Ele tem me dado, por me inspirar a fazer o que tem sido útil para mim e por ter me impedido de fazer o que me seria prejudicial.

A próxima é a prática do Amor. Isso inclui não só o amor romântico, mas também amor pelo país, amor pela família, amor pelos amigos e amor por toda a humanidade. Inspirem-se a compartilhar suas riquezas com todos com quem tiverem contato. Estejam conscientes de todo o amor em sua vida que a torna doce e melhora seus relacionamentos com os outros.

As nove práticas para obter recompensas da vida

A oitava é a prática do Romance. O que se pode dizer é que o romance é o que renova nosso espírito da juventude, apesar do passar dos anos.

Finalmente, a prática da Sabedoria Geral, que transforma todos os fracassos passados, as derrotas, os erros de julgamento e atitudes, os medos, desapontamentos e todos os tipos de adversidades em um bem duradouro de valor inestimável. Para mim, esses incidentes se transformaram em meu desejo e minha capacidade de inspirar os outros a dominar sua própria mente e usar seus poderes mentais para alcançar as riquezas da vida. A sabedoria me proporcionou o privilégio de compartilhar minhas bênçãos com aqueles que estão prontos para recebê-las, enriquecendo e multiplicando assim as minhas próprias bênçãos no âmbito de seus benefícios para os outros.

Sou grato pela sabedoria geral que me revelou a verdade de que nenhuma experiência humana precisa se tornar uma desvantagem; que todas as experiências podem ser transformadas em serviço útil; que o poder do pensamento é o único sobre o qual temos total controle; que o poder do pensamento pode se traduzir em felicidade quando quisermos; que não há quaisquer limitações para o poder do pensamento, exceto as que estão em nossa própria mente.

Essas Nove Práticas condicionam a mente a obter os benefícios das Doze Riquezas. Elas são um meio pelo qual vocês podem manter a mente fixada naquilo que desejam e longe das que não desejam. Essas práticas fornecem imunidade contínua contra todas as formas de atitude mental negativa, destruindo a semente do pensamento negativo e impedindo sua germinação no solo da mente. Elas ajudam a manter a mente fixada no

A chave mestra das riquezas

objetivo principal na vida e dão plena expressão à realização desse objetivo. Elas os mantêm em paz consigo mesmos e com o mundo e em harmonia com sua própria consciência.

Essas práticas revelam a existência daquele "outro eu" que pensa, progride, planeja, deseja e age pela força de um poder que não considera nenhuma realidade impossível. E têm repetidamente provado que toda adversidade carrega a semente de um benefício equivalente. Então, quando a adversidade os atingir, porque atinge a todos, vocês não serão intimidados por ela, mas começarão imediatamente a procurar aquela "semente de um benefício equivalente" e a fazê-la germinar em uma flor que se abre em oportunidades. É assim que essas práticas me ajudam a manter minha visão positiva.

Como utilizar as Doze Riquezas

Agora vamos continuar nossa história com uma descrição da filosofia que se deve adotar para obter as Doze Riquezas.

Descrevi um método de preparação mental para obter riquezas. Mas esse é só o início da história. Ainda tenho que explicar como tomar posse das riquezas e fazer pleno uso delas.

A história tem seu começo na vida de Andrew Carnegie, um grande filantropo que foi um típico produto do sistema norte-americano de livre-iniciativa. O Sr. Carnegie obteve as Doze Riquezas, cujo montante financeiro era tão vasto que ele não viveu o bastante para distribuí-lo, e então passou grande parte dessa fortuna para aqueles que a usaram em benefício da humanidade. O Sr. Carnegie também foi abençoado com os ensinamentos das Nove Práticas. A prática da Sabedoria Geral lhe

As nove práticas para obter recompensas da vida

serviu tão bem que ele teve a inspiração não só de doar todas as suas riquezas materiais como também de fornecer às pessoas uma filosofia de vida completa por meio da qual elas também poderiam obter riquezas.

Essa filosofia consiste em 17 princípios condizentes, sob todos os aspectos, com os princípios da grande Constituição dos Estados Unidos e o sistema norte-americano de livre-iniciativa.

A organização dessa filosofia exigiu vinte anos de trabalho, com a participação do Sr. Carnegie e de mais de quinhentos outros grandes líderes norte-americanos da indústria, cada qual contribuindo para a soma do que foi aprendido em uma vida inteira de experiência prática sob o sistema norte-americano de livre-iniciativa.

O Sr. Carnegie explicou o motivo de ter inspirado a organização de uma filosofia de realização individual quando disse:

"Ganhei meu dinheiro por meio dos esforços de outras pessoas, e devo retribuir-lhes tão logo eu encontre modos de fazer isso sem suscitar o desejo de obter riquezas sem propósito. Mas a maior parte das minhas riquezas consiste no conhecimento com o qual obtive todos os meus bens materiais e imateriais. Por isso, desejo que esse conhecimento seja organizado em uma filosofia e disponibilizado para todos aqueles em busca de uma oportunidade de autodeterminação sob a forma da economia norte-americana."

Essa mesma filosofia que inspirou o Sr. Carnegie a doar foi a que me proporcionou as Doze Riquezas e uma oportunidade de conseguir tudo o que tenho na vida. E é essa filosofia que vocês devem adotar e aplicar se esperam aceitar as riquezas que desejo compartilhar com vocês.

A chave mestra das riquezas

Antes de descrever os princípios dessa filosofia, quero contar uma breve história do que já foi alcançado por outras pessoas em diversas partes do mundo.

Essa história foi traduzida para quatro dos principais idiomas indianos e disponibilizada para mais de dois milhões de pessoas na Índia.

Foi traduzida para o português do Brasil e beneficiou mais de 1,5 milhão de brasileiros.

Foi publicada em uma edição especial, distribuída no que foi o Império Britânico, e atingiu mais de dois milhões de pessoas.

Estima-se que tenha beneficiado mais de vinte milhões de pessoas em praticamente todas as cidades e povoados dos Estados Unidos.

E pode muito bem se tornar o meio de suscitar um melhor espírito de amigável cooperação entre todos os povos do mundo, pois não se baseia em alguma religião ou marca, mas consiste nos fundamentos de todos os sucessos duradouros e em todas as realizações construtivas em todos os campos do empreendimento humano.

Ela apoia todas as religiões sem ser parte de nenhuma!

É tão universal em sua natureza que inevitavelmente leva os homens ao sucesso em todas as ocupações.

Porém, mais importante do que todas essas evidências, a filosofia é tão simples que vocês podem começar a fazê-la funcionar em seu benefício exatamente de onde estão.

Os 17 princípios servirão como um mapa confiável que leva diretamente à fonte de todas as riquezas, sejam elas imateriais ou materiais. Sigam-nos e não se perderão, mas estejam prepa-

As nove práticas para obter recompensas da vida

rados para obedecer a todas as instruções e assumir todas as responsabilidades que vêm junto com a posse das maiores riquezas. E, acima de tudo, lembrem-se de que as riquezas duradouras devem ser compartilhadas com os demais e que há um preço a pagar por tudo o que for adquirido.

A Chave Mestra não será revelada por nenhum desses 17 princípios, porque seu segredo consiste na combinação de todos eles. Esses princípios representam 17 portas pelas quais se deve passar para chegar à câmara interior, onde está guardada a fonte de todas as riquezas. A Chave Mestra abrirá a porta dessa câmara e estará em suas mãos quando vocês estiverem preparados para aceitá-la. Para preparar-se será necessário assimilar e aplicar os primeiros cinco desses princípios, que descreverei detalhadamente em seguida.

CAPÍTULO QUATRO

Definição de objetivo

Depois de uma boa noite de sono, as pessoas voltaram à grande sala de conferências. Muitas pareciam cansadas. Elas haviam passado a noite revendo suas anotações da sessão do dia anterior. Algumas refletiram sobre a vida que tinham levado e se haviam seguido ou não algum daqueles princípios. Outras sorriram deliberadamente, percebendo que muitos dos sucessos que já haviam alcançado podiam ser atribuídos a certas práticas que o orador mencionara. A maioria estava intrigada e satisfeita com o que já estava aprendendo. O seminário não fora nada parecido com o que elas imaginaram, e se sentiram felizes por ter comparecido.

Às 9 horas em ponto, o orador entrou no auditório, vindo de trás do palco. Estava usando um microfone portátil e subiu os degraus da tribuna para ficar em pé diante da plateia. Ele pigarreou e começou a falar.

É impressionante reconhecer que todos os grandes líderes, de todas as camadas sociais e durante todos os períodos da história, alcançaram sua liderança usando suas habilidades com um objetivo principal definido.

47

A chave mestra das riquezas

Não menos impressionante é observar que aqueles classificados como fracassados não tinham tal objetivo, mas andavam em círculos feito um barco sem leme, voltando sempre de mãos vazias ao ponto de partida. Alguns desses "fracassados" começaram com um objetivo principal definido, mas desistiram no momento em que sofreram uma derrota temporária ou forte oposição. Desistiram e pararam, sem saber que há uma filosofia de sucesso que é tão confiável e definida quanto as regras da matemática, e sem nunca suspeitar que a derrota temporária é apenas um teste que pode se revelar uma bênção disfarçada se não for aceita como definitiva.

Uma das grandes tragédias da civilização é que 98 em cada cem pessoas passam toda a vida sem enxergar nada que ao menos chegue perto da definição de um objetivo principal! E foi o reconhecimento de Andrew Carnegie dessa tragédia que o inspirou a influenciar quinhentos grandes líderes da indústria norte-americana a colaborar na organização dessa filosofia de realização individual.

O primeiro teste do Sr. Carnegie, aplicado a todos os seus funcionários considerados para promoção a posições de supervisão, foi determinar até que ponto eles estavam dispostos a Fazer um Esforço a Mais. O segundo teste foi determinar se tinham ou não a mente fixada em um objetivo específico, inclusive na preparação necessária para alcançá-lo.

— Quando pedi ao Sr. Carnegie minha primeira promoção — disse Charles M. Schwab, um de seus funcionários —, ele sorriu e respondeu: "Se você mantiver o coração fixado no que quer, não há nada que eu possa fazer para impedir que o consiga."

Definição de objetivo

O Sr. Schwab sabia o que queria. Ele almejava o maior cargo sob o comando de Carnegie. E o Sr. Carnegie o ajudou a conseguir.

Um dos fatos curiosos sobre quem age com um objetivo definido é a velocidade com que o mundo abre caminho para deixá-lo passar, e até mesmo o ajuda a alcançá-lo.

Como Andrew Carnegie encontrou o colaborador perfeito

A história por trás dessa filosofia é dramática e demonstra a importância que Andrew Carnegie dava à Definição de Objetivo.

Ele havia desenvolvido sua grande siderúrgica e acumulado uma enorme quantia em dinheiro quando voltou seu interesse para o uso e a disposição de sua fortuna. Tendo compreendido que a melhor parte de suas riquezas consistia no conhecimento com o qual as obtivera e em sua compreensão dos relacionamentos humanos, seu objetivo principal na vida se tornou inspirar alguém a desenvolver uma filosofia que transmitisse esse conhecimento para todos que o desejassem.

Na época, o Sr. Carnegie já estava com uma idade avançada e reconheceu que o trabalho exigiria os serviços de alguém jovem, que tivesse tempo e inclinação para passar vinte anos ou mais pesquisando as causas da realização individual.

Após entrevistar mais de 250 possíveis funcionários que poderiam ter essa capacidade, ele conheceu um jovem por acaso, enviado por uma revista para entrevistá-lo sobre suas conquistas. O discernimento apurado de Carnegie sobre o caráter humano o ajudou a identificar que aquele jovem poderia ter as qualidades que havia muito ele procurava, e traçou um plano para testá-lo.

A chave mestra das riquezas

Carnegie começou a contar ao jovem sua história. Então, passou a lhe sugerir que o mundo precisava de uma filosofia prática de realização individual que desse oportunidades ao trabalhador mais humilde de acumular riquezas em qualquer quantidade e forma que desejasse.

Por três dias e noites, ele desenvolveu essa ideia, descrevendo como alguém poderia se encarregar da organização de tal filosofia. Ao final, o Sr. Carnegie estava pronto para aplicar seu teste e determinar se havia ou não encontrado a pessoa a quem poderia confiar a concretização de sua ideia.

— Agora você conhece minha ideia de uma nova filosofia — disse ele —, e quero lhe fazer uma pergunta sobre isso. Gostaria que você me respondesse com um simples "sim" ou "não". A pergunta é: se eu lhe der a oportunidade de desenvolver a primeira filosofia de realização individual do mundo e apresentá-la àqueles que podem e irão colaborar com você nisso, você aceitará essa oportunidade e irá até o fim?

O jovem pigarreou, gaguejou por alguns segundos e respondeu com uma breve frase destinada a lhe oferecer uma oportunidade de projetar sua influência para o bem de todo o mundo.

— Sim! — exclamou. — Não só aceito, como irei até o fim!

Aquela foi uma resposta precisa. Era a única coisa que o Sr. Carnegie estava procurando: Definição de Objetivo.

Muitos anos depois, esse jovem soube que o Sr. Carnegie havia segurado um cronômetro quando lhe fez aquela pergunta, dando-lhe exatamente sessenta segundos para responder. Se a resposta demorasse mais tempo, a oportunidade teria de ser negada. A resposta levou 29 segundos.

Definição de objetivo

O Sr. Carnegie explicou o motivo da cronometragem.

— Segundo minha experiência, não se pode confiar que uma pessoa incapaz de tomar uma decisão prontamente irá até o fim em qualquer decisão tomada, mesmo depois que todos os fatos necessários para isso tenham sido explicados. Também descobri que quem toma decisões prontamente em geral é capaz de progredir com Definição de Objetivo em outras circunstâncias.

A primeira dificuldade do teste do Sr. Carnegie foi vencida com louvor, mas ainda havia outra.

— Muito bem — continuou ele —, você tem uma das duas importantes qualidades necessárias para desenvolver a filosofia que descrevi. Agora vamos saber se tem a outra. Se eu lhe der a oportunidade de desenvolver a filosofia, você está disposto a dedicar vinte anos de seu tempo a pesquisar as causas de sucesso e fracasso, sem remuneração, enquanto ganha sua própria vida?

A pergunta chocou o rapaz. Ele havia presumido que seria subsidiado pela enorme fortuna do Sr. Carnegie, afinal fora escolhido pelo próprio para um trabalho tão importante.

Contudo, o jovem se recuperou rapidamente e perguntou ao Sr. Carnegie por que ele não estava disposto a pagar pelo que parecia ser seu projeto mais precioso.

— Não é que eu não esteja disposto — respondeu o Sr. Carnegie —, mas quero saber se você tem a capacidade natural de Fazer um Esforço a Mais prestando serviço antes de tentar receber pagamento por ele.

Então o Sr. Carnegie explicou que as pessoas mais bem-sucedidas em todas as esferas da vida eram, e sempre foram, as que tinham o hábito de fazer mais do que aquilo pelo

A chave mestra das riquezas

qual eram pagas. Ele também destacou o fato de que subsídios, para indivíduos ou grupos de pessoas, frequentemente fazem mais mal do que bem.

E lembrou ainda ao jovem que ele havia tido uma oportunidade antes negada a mais de 250 outras pessoas, algumas das quais eram mais velhas e mais experientes do que ele. Concluiu dizendo:

— Se você aproveitar ao máximo a oportunidade que lhe ofereci, é possível que possa transformá-la em riquezas tão fabulosas que farão as minhas parecerem pequenas, porque essa oportunidade oferece o modo de penetrar nas mentes mais aguçadas desta nação e lucrar com as experiências dos maiores líderes da indústria norte-americana. E isso poderia muito bem lhe permitir expandir sua influência benéfica para todo o mundo civilizado, enriquecendo aqueles que ainda nem nasceram.

O Sr. Carnegie tinha encontrado a pessoa que procurava havia muito tempo, e essa pessoa aprendera sua primeira lição sobre Definição de Objetivo e Fazer um Esforço a Mais.

Vinte anos depois, a filosofia desenvolvida pelo Sr. Carnegie como o motivo de suas riquezas foi completada e apresentada ao mundo em uma edição de oito volumes.

"E quanto ao rapaz que passou vinte anos sem remuneração?", perguntam alguns. "Que compensação ele obteve por seu trabalho?"

Uma resposta completa para essa pergunta seria impossível, porque ele mesmo não sabe o valor total dos benefícios obtidos. Além disso, alguns desses benefícios têm uma natureza tão flexível que continuarão a ajudá-lo pelo resto de sua vida.

Definição de objetivo

Mas, para a satisfação dos que medem as riquezas apenas por valores materiais, pode-se dizer que um livro escrito por esse homem, e o resultado do conhecimento obtido com a aplicação do princípio de fazer mais do que sua obrigação, já lhe renderam mais de três milhões de dólares. O tempo real gasto para escrever o livro foi de quatro semanas.

Por que esses princípios são tão eficazes

A Definição de Objetivo e o hábito de Fazer um Esforço a Mais constituem uma força que surpreende até mesmo as pessoas mais imaginativas, embora esses sejam apenas dois dos 17 princípios de realização pessoal.

Menciono esses dois princípios juntos por um motivo: indicar como os princípios dessa filosofia estão interligados, tal qual os elos de uma corrente, e como essa combinação de princípios leva ao desenvolvimento de um estupendo poder que não pode ser obtido pela aplicação de apenas um deles.

Agora, analisaremos o poder da Definição de Objetivo e os princípios psicológicos dos quais esse poder se origina.

Primeira premissa

O ponto de partida de toda realização pessoal é o estabelecimento de um objetivo definido e de um plano definitivo para alcançá-lo.

A chave mestra das riquezas

Segunda premissa

Todas as realizações resultam de um motivo ou uma combinação de motivos. Há nove motivos básicos que governam todas as ações voluntárias (descritos no Capítulo Dois).

Terceira premissa

Qualquer ideia dominante, plano ou objetivo mantido na mente por meio da repetição de pensamentos e "emocionalizado" com um desejo ardente de realização é assimilado e posto em prática pela mente subconsciente, e assim é levado ao seu clímax lógico por qualquer meio natural disponível.

Quarta premissa

Qualquer desejo dominante, plano ou objetivo mantido na mente consciente e materializado pela *fé absoluta* em sua realização é assimilado e imediatamente posto em prática pela mente subconsciente. Não há nenhum registro de um desejo desse tipo que não tenha sido satisfeito.

Quinta premissa

O poder do pensamento é a única coisa sobre a qual temos total e inegável controle — um fato que, para alguns, poderia sugerir a necessidade de um relacionamento próximo entre a mente humana e a Inteligência Infinita, unidas pela fé.

Definição de objetivo

Sexta premissa

A mente subconsciente pode ser alcançada por meio da fé e receber instruções como se fosse uma pessoa ou entidade individual.

Sétima premissa

Um objetivo definido apoiado pela fé absoluta é uma forma de sabedoria, e ações sábias produzem resultados positivos.

As maiores vantagens da Definição de Objetivo

A Definição de Objetivo desenvolve autoconfiança, iniciativa pessoal, imaginação, entusiasmo, autodisciplina e concentração de esforços, que são pré-requisitos para o sucesso material.

Ela nos induz a planejar o tempo e as atividades cotidianas para a realização do Objetivo Principal na vida.

Ela nos faz reconhecer mais rápido as oportunidades relacionadas com nosso Objetivo Principal, e nos dá a coragem necessária para aproveitar essas oportunidades quando elas surgem.

Ela inspira outras pessoas a cooperar.

A Definição de Objetivo prepara o caminho para o pleno exercício do estado mental conhecido como fé, tornando a mente positiva e livre de todas as limitações do medo, da dúvida e da indecisão.

Ela promove uma consciência do sucesso, sem a qual ninguém pode lograr um êxito duradouro.

A chave mestra das riquezas

Ela acaba com o hábito destrutivo da procrastinação.

Por fim, leva diretamente ao desenvolvimento e à posse contínua da primeira das Doze Riquezas: a atitude mental positiva.

Essas são as principais características da Definição de Objetivo, embora haja muitas outras qualidades e aplicações, e estejam diretamente relacionadas a cada uma das Doze Riquezas, porque elas só são alcançáveis pela unicidade de objetivo.

Comparem o princípio da Definição de Objetivo a cada uma das Doze Riquezas. Notem o quanto esse princípio é essencial para a realização de cada uma delas. Então, façam uma lista de pessoas de notável sucesso e observem como elas enfatizaram um objetivo principal como o objeto de seus esforços.

Henry Ford se concentrou em construir automóveis mais confiáveis e baratos. Thomas Edison dedicou seus esforços a invenções científicas, e Andrew Carnegie à produção e venda de aço. F. W. Woolwort se concentrou na primeira rede de varejo em larga escala, e Philip Armour em empacotamento e distribuição de carne. William Randolph Hearst se concentrou em jornais, e Alexander Graham Bell em desenvolver o primeiro telefone.

Nos dias atuais, todos os atletas olímpicos treinam com um objetivo principal.

No passado, os Estados Unidos dependeram dos objetivos principais de Jefferson, Lincoln, Washington, Patrick Henry e Thomas Paine, que dedicaram a vida e, em alguns casos, suas fortunas, à nossa liberdade.

Essa lista poderia se multiplicar até conter os nomes de todos os grandes líderes que contribuíram para o estabelecimento de um estilo de vida que conhecemos e do qual usufruímos hoje.

Definição de objetivo

Como ter um Objetivo Principal Definido

O procedimento para estabelecer um Objetivo Principal Definido é simples, mas importante. Seguindo estes passos, você começará a colher as recompensas de seus esforços.

1. Escreva uma declaração completa, nítida e precisa de seu objetivo principal na vida, assine sua declaração e memorize-a. Então, repita-a em voz alta pelo menos uma vez por dia, se possível mais. Repita-a várias vezes, depositando toda a sua fé na Inteligência Infinita.

2. Escreva um plano detalhado e preciso para começar a atingir seu Objetivo Principal Definido. Nesse plano, determine o prazo máximo para atingi-lo e descreva exatamente o que pretende dar quando alcançar seu objetivo, lembrando-se de que não existe nada de graça e tudo tem um preço que deve ser pago adiantado, de uma forma ou de outra.

3. Torne seu plano flexível o bastante para implementar mudanças quando estiver inspirado a fazê-las. Lembre que a Inteligência Infinita, que opera em cada átomo de matéria, em tudo o que existe, vivo ou inanimado, pode lhe apresentar um plano muito superior a qualquer um que você tenha traçado. Por isso, esteja sempre pronto para reconhecer e adotar qualquer plano superior que surja em sua mente.

4. Guarde seu objetivo principal e seus planos para atingi-lo estritamente para si mesmo, exceto se receber instruções adicionais para executar seu plano na descrição do Princípio da Chave Mestra, a seguir.

A chave mestra das riquezas

Não cometa o erro de presumir que, por não entender essas instruções, os princípios aqui descritos não são consistentes. Siga as instruções ao pé da letra, com boa-fé, e lembre que fazendo isso você está duplicando o procedimento de muitos dos grandes líderes que já existiram.

Essas instruções não exigem nenhum esforço que você não possa seguir com facilidade. Não exigem tempo ou habilidade que pessoas comuns talvez não tenham.

Decida agora o que deseja da vida e o que tem para dar em troca. Decida para onde vai e como chegar lá. Então, comece de sua nova posição. Comece com quaisquer meios de que disponha para atingir seu objetivo. E descobrirá que à medida que fizer uso deles, outros e melhores meios se revelarão a você.

Essa tem sido a experiência de todos aqueles que o mundo reconheceu como bem-sucedidos. A maioria teve um início humilde e pouca ajuda além de um desejo ardente de atingir um objetivo definido.

Há magia duradoura nesse desejo!

Logo vocês aprenderão um princípio que é a chave para todas as grandes realizações, o princípio que foi responsável pelo estilo de vida norte-americano, pelo sistema de livre-iniciativa, por riquezas e liberdade. Mas, primeiro, vocês devem se certificar de que sabem o que desejam da vida.

Definição de objetivo

Ideias que levam ao sucesso começam com a Definição de Objetivo

Já se sabe que as ideias são os únicos bens sem valores fixos. Também é sabido que são o início de todas as realizações.

As ideias formam a base de todas as fortunas, o ponto de partida de todas as invenções. Elas conquistaram o ar acima de nós e os oceanos ao nosso redor; permitiram-nos explorar e usar a própria atmosfera, através da qual um cérebro pode se comunicar com outro por telepatia.

O fonógrafo não era nada além de uma ideia abstrata até Edison organizá-la com Definição de Objetivo e submetê-la à parte subconsciente de seu cérebro, onde foi projetada no grande reservatório da Inteligência Infinita, que lhe enviou um plano viável. E ele transformou esse plano viável em uma máquina que funcionava.

A filosofia da realização individual começou como uma ideia na mente de Andrew Carnegie. Ele a respaldou com a Definição de Objetivo, e agora a filosofia está disponível em benefício de milhões de pessoas em todo o mundo. Qualquer ideia mantida na mente, enfatizada, temida ou reverenciada começa imediatamente a assumir a forma física mais apropriada e conveniente que estiver disponível.

Aquilo em que as pessoas acreditam, o que falam e temem, seja bom ou ruim, tem um modo muito específico de se manifestar em uma forma ou outra. Quem estiver tentando se livrar das limitações da falta de recursos materiais e da infelicidade não deve se esquecer dessa grande verdade, porque ela se aplica tanto a um indivíduo quanto ao povo de uma nação.

A chave mestra das riquezas

Autossugestão: o elo entre as mentes consciente e subconsciente

Há um princípio em ação pelo qual pensamentos, ideias, planos, esperanças e objetivos postos na mente consciente encontram seu caminho para a mente subconsciente, onde são captados e levados à sua conclusão lógica por meio de uma lei da natureza que descreverei adiante. Reconhecer e entender esse princípio também é reconhecer o motivo pelo qual a Definição de Objetivo é o início de todas as realizações.

Vocês podem transferir pensamentos de sua mente consciente para a subconsciente com maior rapidez pelo simples processo de "reforçar" ou estimular as vibrações do pensamento por meio de fé, medo ou qualquer outra emoção muito intensa, como entusiasmo, um desejo ardente baseado na definição do seu objetivo. Os pensamentos apoiados pela fé têm precedência sobre todos os outros no que diz respeito à definição e à rapidez com que são entregues para a mente subconsciente e postos em prática. A velocidade com que o poder da fé opera deu origem à crença de que certos fenômenos resultam de milagres.

Psicólogos e cientistas não reconhecem esse fenômeno como milagre, e afirmam que tudo o que acontece tem uma causa, ainda que não possa ser explicada. Seja como for, é sabido que quem consegue libertar a mente de todas as limitações autoimpostas, por meio da atitude mental conhecida como fé, geralmente encontra a solução para todos os problemas da vida, independentemente de sua natureza.

Definição de objetivo

Os psicólogos também reconhecem que a inteligência infinita, embora não resolva enigmas automaticamente, leva qualquer ideia estabelecida com nitidez a uma conclusão lógica, um objetivo, propósito ou desejo que é submetido à mente subconsciente em uma atitude de perfeita fé.

Contudo, a inteligência infinita nunca tenta mudar ou alterar nenhum pensamento que lhe é apresentado, e nunca se soube que materializasse um mero desejo, uma ideia, um pensamento ou propósito indefinido. Essa verdade, bem firme em sua mente, lhes dará poder o bastante para resolver seus problemas diários com muito menos esforço do que a maioria das pessoas dedica a se preocupar com os próprios problemas.

Os assim chamados "pressentimentos" frequentemente são sinais de que a inteligência infinita está tentando atingir e influenciar a mente consciente, mas vocês observarão que eles quase sempre vêm em resposta a uma ideia, um plano, um propósito, um desejo ou algum medo transferido para a mente subconsciente.

Todos os "pressentimentos" deveriam ser tratados com respeito e examinados com cuidado, porque muitas vezes transmitem, totalmente ou em parte, informações de máximo valor para o indivíduo. Esses "pressentimentos" costumam surgir muitas horas, dias ou semanas depois que o pensamento que os inspirou alcançou o reservatório da inteligência infinita. Nesse intervalo, o indivíduo frequentemente já se esqueceu do pensamento original que o inspirou.

Esse é um tema profundo sobre o qual até mesmo os mais sábios conhecem muito pouco. Esse tema se torna autorrevelador apenas por meio de meditação e reflexão.

A chave mestra das riquezas

Se vocês entenderem o princípio de funcionamento da mente que descrevi, terão uma pista de por que às vezes a meditação traz o que a pessoa deseja, e em outras ocasiões traz o que a pessoa não deseja. Esse tipo de atitude mental é alcançado apenas com preparação e autodisciplina. Nós aprenderemos como desenvolver essa atitude mental mais adiante neste seminário.

Uma das verdades mais profundas do mundo é que as questões de todas as pessoas, sejam decorrentes de pensamento individual ou em massa, moldam-se para encaixar-se no exato padrão desses pensamentos. Aqueles que têm sucesso só o alcançam porque adquirem o hábito de pensar em termos de sucesso. A Definição de Objetivo pode e deve ocupar tanto a mente que a pessoa não terá tempo ou espaço mental para pensamentos de fracasso.

Outra verdade profunda é que aquele que foi derrotado e se reconhece como fracassado pode, mudando a posição das "velas" de sua mente, transformar os ventos da adversidade em um poder de igual intensidade que o colocará na direção do sucesso. Como disse um poeta:

Um barco navega para o leste, outro para o oeste
Impelidos pelo mesmo vento.
É a posição das velas e não a ventania
Que determina para onde eles vão.

Para os que se orgulham de ser o que o mundo chama de "frios e práticos", essa análise do princípio da Definição de Objetivo pode parecer abstrata ou inviável. Há um poder,

Definição de objetivo

maior que o poder do pensamento consciente, que em geral não é percebido pela mente finita. A aceitação dessa verdade é essencial para realizar qualquer objetivo definido com base no desejo de grandes realizações.

Cada circunstância da vida é resultado de uma causa, seja ela uma circunstância que traz fracasso ou sucesso. E muitas dessas circunstâncias de vida têm causas as quais podemos controlar. Essa verdade óbvia ressalta a importância da primeira magnitude do princípio da Definição de Objetivo. Se as circunstâncias da vida não são o que se deseja, elas podem ser alteradas com a mudança de atitudes mentais e a formação de hábitos de pensamento novos e mais benéficos.

Como a Definição de Objetivo leva ao sucesso

De todos os grandes norte-americanos que contribuíram para nosso sistema industrial, nenhum foi mais espetacular do que Walter Chrysler. Sua história deveria dar esperança a todos os jovens norte-americanos que almejam obter fama ou fortuna, e evidencia o poder que se pode adquirir agindo com Definição de Objetivo.

Chrysler começou a trabalhar como mecânico em uma loja da ferrovia em Salt Lake City, Utah. Havia economizado pouco mais de 4 mil dólares, que pretendia usar para abrir um negócio. Olhando cuidadosamente ao redor, concluiu que a indústria de automóveis era promissora e então decidiu entrar para o ramo, o que fez de um modo dramático e inovador.

A primeira ação de Chrysler chocou seus amigos e surpreendeu seus parentes, porque ele resolveu investir todas

A chave mestra das riquezas

as suas economias em um automóvel. Quando o veículo chegou a Salt Lake City, Chrysler chocou ainda mais seus amigos separando todas as partes, peça por peça, até ficarem espalhadas pela loja.

Então, ele começou a juntá-las de novo.

Chrysler repetiu essa operação tantas vezes que algumas pessoas acharam que ele havia perdido o juízo. Isso foi porque não entenderam seu propósito. Eles viram o que Walter Chrysler estava fazendo com o automóvel, mas não o plano que se formava em sua mente. Ele observava com atenção cada detalhe do automóvel. Quando terminou o trabalho de desmontar e remontar, conhecia todos os pontos fortes e fracos de cada peça.

Depois dessa experiência, ele começou a desenhar automóveis, incluindo os pontos fortes do veículo que comprara e deixando de fora os fracos. Fez seu trabalho tão meticulosamente que quando os automóveis Chrysler começaram a chegar ao mercado, acabaram se tornando a sensação de toda a indústria automobilística. Sua conquista de fama e fortuna foi rápida e definitiva, porque desde o início ele sabia para onde ia e se preparou com esmero e cuidado para a jornada.

Observem esses homens que agem com Definição de Objetivo sempre que os virem, e ficarão impressionados com a facilidade com que eles atraem a amigável cooperação dos outros, vencem a resistência e alcançam o que desejam.

Analisem Walter Chrysler meticulosamente e notem quão definitivamente ele obteve as Doze Riquezas da Vida e tirou o máximo proveito delas. Chrysler começou desenvolvendo a maior de todas as riquezas, uma atitude mental positiva. Isso proporcionou a ela um solo fértil para plantar e germinar a

Definição de objetivo

semente de seu Objetivo Principal Definido, a construção de ótimos veículos a motor. Então, uma a uma, obteve outras riquezas: boa saúde física, harmonia nos relacionamentos humanos, libertação do medo, esperança de realização, capacidade de ter fé, disposição de compartilhar suas bênçãos, um trabalho de amor, uma mente aberta a todos os temas, autodisciplina, capacidade de compreender pessoas e, por fim, segurança financeira.

Um dos fatos mais curiosos sobre o sucesso de Walter Chrysler é a simplicidade com que ele o alcançou. No início, Chrysler não tinha muito capital de giro. Sua educação era limitada. Ele não contava com investidores ricos para financiar seu negócio. Mas tinha uma ideia prática e iniciativa pessoal suficiente para começar a desenvolvê-la, bem de onde estava. Tudo de que precisava para tornar realidade seu Objetivo Principal Definido pareceu quase milagrosamente posto em suas mãos assim que ele se tornou preparado para isso — uma situação que não é incomum para os que agem com Definição de Objetivo.

Edward Bok, um famoso líder de seu tempo, foi um imigrante da virada do século XX que fez história seguindo esses princípios. Ele chegou aos Estados Unidos com 6 anos de idade, sem saber falar inglês. Começando como um humilde office boy na Western Union, chegou a editor da *The Ladies Home Journal* e a tornou a primeira revista do mundo a chegar à marca de um milhão de assinantes. Um campeão das causas sociais, Bok ajudou a conservar as Cataratas do Niágara e estabeleceu a cátedra de literatura Woodrow Wilson, em Princeton.

Bok conseguiu fazer tudo isso com suas ideias práticas e muita iniciativa pessoal para desenvolvê-las. Todos os maiores

A chave mestra das riquezas

desejos de Bok tornaram-se seus objetivos. Ele realmente desejava ser reconhecido como um grande cidadão norte-americano, uma ambição alimentada pela vastidão de oportunidades que o país adotado lhe ofereceu. E ele alcançou esse objetivo.

Deixe-me salientar que todos os objetivos de Bok foram criados por ele mesmo, em sua mente, e alcançados por seus próprios esforços e puro mérito. Bok não dependeu de "lances" de sorte e não esperou nada de graça, mas moldou seu próprio destino com cuidadoso planejamento baseado na Definição de Objetivo.

Tal como Walter Chrysler, Bok condicionou sua mente para o sucesso ao obter todas as Doze Riquezas.

Dois milhões de dólares em menos de uma hora

Assim que o livro *Pense & enriqueça* (uma interpretação em volume único de parte da filosofia de realização individual de Andrew Carnegie) foi publicado, o editor começou a receber encomendas de várias livrarias de Des Moines, Iowa, e seus arredores.

Os pedidos exigiam remessa expressa do livro. A causa da súbita demanda era um mistério até várias semanas depois, quando o editor recebeu uma carta de Edward P. Chafe, um corretor de seguros representando a Sun Life Assurance Company, na qual ele dizia:

"Estou escrevendo para expressar meu agradecimento por seu livro, *Pense & enriqueça*. Segui seus conselhos à risca. Em consequência disso, tive uma ideia que resultou na venda de uma apólice de seguro de vida de dois milhões de dólares — a maior venda única do tipo já feita em Des Moines."

Definição de objetivo

A frase-chave na carta do Sr. Chase foi: "Segui seus conselhos à risca." Ele pôs em prática a ideia de Definição de Objetivo, e isso o ajudou a ganhar mais dinheiro em uma hora do que a maioria dos corretores de seguros ganha em cinco anos de trabalho. Em uma breve frase o Sr. Chase contou toda a história de uma transação comercial que o tirou da categoria de corretor de seguros de vida comum e o tornou um membro da cobiçada Million Dollar Round Table.

Em algum ponto da leitura, a mente do Sr. Chase se conectou com a mente do autor do livro, e essa conexão acelerou os seus pensamentos tão definitiva e intensamente que ele teve a ideia de vender uma apólice de seguro de vida maior do que qualquer outra que já havia pensado em vender. A venda daquela apólice passou a ser seu Objetivo Principal Definido imediato na vida. O Sr. Chase agiu de acordo com tal objetivo sem hesitação ou demora, e o realizou em menos de uma hora.

Como descobri meu próprio poder pessoal

Andrew Carnegie disse certa vez que a pessoa motivada pela Definição de Objetivo e que age na direção desse objetivo com as forças espirituais de seu ser pode desafiar e ultrapassar aqueles que estão indecisos em suas posições. Não faz diferença se alguém está vendendo seguros de vida ou cavando valas.

Uma ideia poderosa e bem definida, quando fresca na mente, pode mudar de tal modo a bioquímica dessa mente que ela assume qualidades espirituais que desconhecem o fracasso ou a derrota. A principal fraqueza da maioria das pessoas, como o Sr. Carnegie declarou frequentemente, é que elas reconhecem

A chave mestra das riquezas

os obstáculos que devem superar sem reconhecer o poder espiritual disponível para elas e que lhes permitirá remover esses obstáculos quando desejarem.

Lembro como se fosse hoje das circunstâncias em que reconheci os poderes espirituais disponíveis para mim. E, por mais estranho que isso possa parecer, esse reconhecimento veio do mesmo livro que inspirou Edward P. Chase a se erguer para os níveis superiores de realização em sua profissão, *Pense & enriqueça*.

Minha esposa o trouxe da biblioteca pública e sugeriu a leitura. No momento em que pus as mãos na capa, antes mesmo de abrir o livro, tive uma estranha inspiração que me fez, no mesmo instante, abri-lo e começar a lê-lo. Antes de terminar o primeiro capítulo, reconheci aquela extraordinária virada do destino que fez o livro ser posto em minhas mãos. Eu o levei para a cama e li do início ao fim antes de dormir. Na manhã seguinte, acordei um novo homem. Eu havia, literalmente, renascido! A indecisão e a dúvida tinham ido embora para sempre.

Em apenas seis anos, essa ideia me permitiu projetar minha influência em benefício de milhões de pessoas em grande parte do mundo. Eu finalmente havia aprendido a arte abençoada de compartilhar minhas riquezas com os outros. E obtido as Doze Riquezas em sua forma mais plena e abundante. Além disso, tinha descoberto meu "outro eu" — aquele que eu não conhecia. Também tinha descoberto a existência das Nove Práticas que me guiam em tudo o que faço.

Eu estava tão eufórico com minha mudança de vida que me pareceu obrigatório conhecer o autor do livro e lhe agradecer pessoalmente por meu sucesso. Encontrá-lo era como achar

Definição de objetivo

uma agulha num palheiro, porque ele havia se aposentado e estava levando uma vida reclusa. Seu editor não podia me dar seu endereço, então eu o procurei até finalmente localizá-lo depois de ter atravessado o continente três vezes.

Minha urgência em conhecer o autor se devia principalmente a uma sensação de que ele não havia esgotado todo o seu conhecimento sobre o tema da realização individual nas páginas de *Pense & enriqueça*. Essa suposição estava correta, porque descobri que ele só havia mencionado três dos 17 princípios da realização individual, e que escrevera um curso totalmente novo no qual todos os 17 princípios foram apresentados.

Aplicando o princípio de Fazer um Esforço a Mais — no qual acredito com devoção —, convenci o autor a me permitir realizar uma parte muito importante do meu Objetivo Principal Definido na vida: o de ajudar a levar esta filosofia a um mundo doente na época, quando era mais necessária. Eu disse a ele, como digo a vocês agora, que preferia ter tido o privilégio de ser o autor dessa filosofia a ser o presidente dos Estados Unidos. E, depois disso, eu preferia ter o privilégio de ajudar a levá-la a todas as pessoas para que pudessem obter toda a riqueza do mundo. Esse privilégio me foi concedido.

Exerci meu privilégio de vários modos. Primeiro, tornei a filosofia disponível, embora em uma forma sucinta, por meio de uma série de programas de rádio transmitidos várias vezes por semana.

Então ajudei a tornar a filosofia disponível em aulas impressas distribuídas em bancas de jornais e livrarias de todo o país.

Depois ajudei a filmá-la para que fossem exibidas em reuniões de empresas e a distribuí-la com a cooperação da administração.

A chave mestra das riquezas

Além desses meios de distribuição da filosofia, ajudei a organizar uma série de grupos de estudo em âmbito nacional nos quais a filosofia é apresentada. Meu objetivo é cooperar com as instituições religiosas da nação, ajudando a oferecer os meios pelos quais a filosofia pode se tornar disponível para seus membros.

Também combinei com o autor da filosofia sobre escrever um livro para crianças no qual ela será interpretada em termos que darão asas à imaginação. Esse livro será distribuído em livrarias e estará disponível para ser utilizado em escolas públicas.

Além disso, espero fazer outras contribuições, quando houver oportunidade, distribuindo essa filosofia em uma escala tão ampla que ela será acessível a todos que estejam em busca de seu lugar no mundo.

Assim, tive o privilégio de revelar o funcionamento interno de uma mente inspirada por um Objetivo Principal Definido na vida. E embora a tarefa possa parecer gigantesca, garanto que minha contribuição será realmente um trabalho de amor.

Meu pagamento consiste em uma recompensa cada vez maior que só é conhecida por aquele que descobriu o enorme privilégio de obter riquezas ao compartilhar suas bênçãos. As riquezas — as verdadeira riquezas da vida — aumentam na exata proporção do âmbito e da extensão do benefício proporcionado àqueles com quem são partilhadas. Sei que isso é verdade porque enriqueci compartilhando. Nunca beneficiei ninguém sem ter recebido em algo troca, de uma fonte ou de outra, dez vezes mais benefícios do que proporcionei.

Ao compartilhar minhas riquezas, não busco reconhecimento, porque minhas doações são anônimas, exceto em raros casos

Definição de objetivo

em que minha identidade deve ser revelada. Em vez de buscar reconhecimento em meu nome, prefiro glorificar minha alma por meio de serviço útil aos outros. As riquezas que distribuo aumentam minha própria riqueza e meu bem-estar.

Como encontrar seu Objetivo Principal Definido

Uma das mais curiosas verdades que me foram reveladas foi o fato de que a maneira mais segura de resolver problemas pessoais é encontrar alguém com um problema maior e ajudar essa pessoa a resolvê-lo, usando algum método para praticar o hábito de Fazer um Esforço a Mais.

Essa é uma fórmula simples, mas possui encanto e magia, e nunca falha. Contudo, vocês não podem se apropriar dela simplesmente aceitando meu testemunho sobre sua eficácia. Devem adotá-la e aplicá-la a seu próprio modo. Depois, precisarão testemunhar sua eficácia. Vocês encontrarão muitas oportunidades para isso.

Podem começar organizando um clube da fraternidade com seus vizinhos e colegas de trabalho, assumindo o papel de líderes e professores do grupo. Então aprenderão outra grande verdade: que a melhor maneira de aplicar os princípios da filosofia da realização individual é ensinando-a. Quando alguém começa a ensinar algo, também aprende mais sobre o que está ensinando. Vocês agora são estudantes dessa filosofia, mas podem se tornar mestres ensinando-a aos outros. Assim, sua compensação será previamente garantida.

Não importa qual seja o tipo de trabalho de vocês, essa é a grande oportunidade de se encontrarem, ajudando os outros

A chave mestra das riquezas

a ajustar seus relacionamentos em paz e harmonia. O líder que guia seus seguidores com essa filosofia terá a confiança e total cooperação deles.

Se vocês ainda não estabeleceram um Objetivo Principal Definido na vida, eis uma oportunidade de fazê-lo. Podem começar de onde estão, ajudando a ensinar essa filosofia àqueles que precisam dela. Chegou o momento em que não só é benéfico para o indivíduo ajudar o próximo a resolver seus problemas pessoais, mas também é essencial que cada um de nós o faça como um meio de autopreservação.

Se a casa do vizinho estivesse pegando fogo, vocês se ofereceriam para ajudar a apagá-lo, mesmo que não fossem amigos, porque o bom senso os convenceria de que esse é o modo de salvar sua própria casa.

Por outro lado, aqueles com uma boa filosofia de vida se veem cercados de oportunidades abundantes que não existiam uma década atrás. Quem tenta seguir em frente sem um Objetivo Principal Definido enfrenta dificuldades muito maiores do que uma pessoa comum poderia enfrentar. As oportunidades mais lucrativas do mundo atual e futuro serão para aqueles preparados para a liderança na profissão escolhida. E a liderança em qualquer profissão exige uma base de boa filosofia. Os dias da liderança por meio de "acerto e erro" ficaram no passado. Habilidade, técnica e compreensão humana serão exigências de um mundo em constante evolução.

Vocês que não possuem um Objetivo Principal Definido, façam uma lista para descobrir onde se encaixam neste mundo mudado; preparem-se para as novas oportunidades e as aproveitem ao máximo.

Definição de objetivo

Se eu tivesse esse privilégio, sem dúvida escolheria para vocês um Objetivo Principal Definido totalmente adequado às suas qualificações e necessidades, e traçaria um plano simples para alcançá-lo. Mas posso servir mais lucrativamente ensinando-lhes como fazer isso sozinhos. Em algum ponto no caminho a ideia que vocês estão buscando se revelará. Essa tem sido a experiência da maioria dos estudantes dessa filosofia. Quando a ideia se apresentar vocês a reconhecerão, porque virá com tal força que vocês não poderão fugir dela. Podem ter certeza disso, desde que a estejam procurando com sinceridade.

Uma das características imponderáveis dessa filosofia é que ela inspira novas ideias, revela a presença de oportunidades de autodesenvolvimento antes não percebidas e inspira quem a segue a ter iniciativa para aceitar e aproveitar ao máximo essas oportunidades. Essa característica da filosofia não é acidental. Ela existe para produzir um efeito específico, porque é óbvio que uma oportunidade que a pessoa cria para si mesma, ou uma ideia que possa inspirar alguém por meio de seu próprio pensamento, é mais benéfica do que qualquer uma que tome emprestada dos outros, porque o próprio procedimento pelo qual um indivíduo cria ideias úteis leva infalivelmente à descoberta da fonte da qual pode obter ideias adicionais quando necessário.

Embora seja um grande benefício ter acesso a uma fonte da qual obter a inspiração necessária para criar suas próprias ideias, e a autoconfiança seja um bem de valor inestimável, chegará um momento em que você precisará recorrer aos recursos de outras mentes. E esse momento certamente chegará para aqueles que aspiram à liderança em níveis mais elevados de realização pessoal.

A chave mestra das riquezas

Como explorar seu próprio poder pessoal

A seguir, revelarei como o poder pessoal pode ser alcançado por meio da combinação de muitas mentes voltadas para a realização de objetivos definidos.

Foi por esse mesmo meio que Andrew Carnegie entrou na grande era do aço e deu aos Estados Unidos sua maior indústria, apesar de não ter nenhum capital com que começar e de sua pouca instrução.

E foi por esse meio que Thomas A. Edison se tornou o maior inventor de todos os tempos, apesar de não ter qualquer conhecimento pessoal sobre física, matemática, química, eletrônica ou muitos outros assuntos científicos, todos essenciais para seu trabalho como inventor.

Vocês deveriam se sentir esperançosos em saber que falta de instrução, falta de capital de giro e falta de habilidade técnica não precisam desencorajá-los a estabelecer seu maior objetivo na vida, qualquer que seja, porque essa filosofia lhes oferece um modo pelo qual qualquer objetivo razoável pode ser alcançado por qualquer pessoa com habilidades comuns.

A única coisa que essa filosofia não pode fazer é escolher seu objetivo por vocês! Mas quando estabelecerem seu próprio objetivo, essa filosofia os guiará infalivelmente para alcançá-lo. Essa é uma promessa sem requisitos. Eu não posso lhes dizer o que desejar, ou quanto sucesso esperar, mas posso lhes revelar — e vou revelar — a fórmula com a qual o sucesso pode ser alcançado.

Neste momento, a maior responsabilidade de vocês é descobrir o que desejam na vida, para onde vão e o que farão quando

Definição de objetivo

chegarem lá. Essa é uma responsabilidade que ninguém pode assumir por vocês e, por causa da procrastinação, uma responsabilidade que 98 em cada cem pessoas nunca assumem. Esse é o principal motivo pelo qual apenas duas em cada cem pessoas podem ser consideradas bem-sucedidas. O sucesso começa com Definição de Objetivo!

Ter um objetivo é um bem de valor inestimável — inestimável porque poucos o possuem. Contudo, é um bem que qualquer um pode adquirir a qualquer momento.

Decidam o que desejam na vida, como obter exatamente isso, sem concessões, e pronto! Vocês terão um dos bens mais valiosos disponíveis para os seres humanos.

Mas esse objetivo não deve ser um simples desejo ou uma esperança!

Deve ser um *desejo ardente*, e se tornar um desejo tão definitivo e obsessivo que vocês estarão dispostos a pagar o preço que for preciso para realizá-lo.

No momento em que escolherem seu Objetivo Principal Definido na vida, observarão uma estranha circunstância, que é como modos e meios de atingir esse objetivo começarão imediatamente a se revelar para vocês.

Oportunidades que vocês não esperavam surgirão em seu caminho.

A cooperação dos outros estará a seu dispor, e amigos aparecerão como num passe de mágica. Seus medos e suas dúvidas começarão a desaparecer, substituídos por autoconfiança.

Aos não iniciados essa pode parecer uma promessa fantástica, mas não a quem pôs fim à indecisão e escolheu um objetivo na vida. Não digo isso só pela observação dos outros, mas

A chave mestra das riquezas

por minha própria experiência pessoal. Eu me transformei de um triste fracasso em um notável sucesso. Portanto, conquistei o direito de lhes dar essa certeza do que podem esperar se seguirem o mapa do caminho oferecido por essa filosofia.

Quando vocês chegarem ao momento inspirador em que vão escolher seu Objetivo Principal Definido, não desanimem se parentes ou amigos próximos os chamarem de "sonhadores".

Apenas se lembrem de que os sonhadores foram os precursores de todo o progresso humano.

Eles nos deram o grande sistema norte-americano de livre-iniciativa.

Eles nos deram nosso maior bem, o privilégio de desfrutar de liberdade pessoal e o direito de sonhar quando quisermos.

Eles deram aos norte-americanos a maior Força Aérea e a maior Marinha do mundo.

Eles ampliaram as fronteiras da civilização e tornaram o estilo de vida norte-americano um padrão glorioso invejado pelo resto do mundo.

Cristóvão Colombo sonhou com um mundo desconhecido, partiu em um oceano não mapeado e descobriu um novo mundo. Copérnico sonhou com um mundo não visto, e com um telescópio improvisado o revelou, eliminando grande parte do medo e da superstição. Edson sonhou com uma lâmpada que poderia ser acesa com eletricidade, foi trabalhar em seu sonho e, apesar de enfrentar milhares de fracassos, deu ao mundo essa lâmpada.

Portanto, não deixem que ninguém os desencorajem de sonhar, mas certifiquem-se de apoiar seus sonhos com ações baseadas na Definição de Objetivo. Suas chances de sucesso são

Definição de objetivo

tão grandes quanto as daqueles que os precederam. De muitas maneiras, suas chances são maiores, porque agora vocês têm acesso ao conhecimento dos princípios da realização individual que milhões de pessoas bem-sucedidas do passado obtiveram de modo longo e difícil.

Os sábios compartilham generosamente a maioria de suas riquezas. São comedidos em suas confidências e tomam muito cuidado para não fazê-las às pessoas erradas. E quando revelam seus objetivos e planos, geralmente o fazem mais por meio de ações do que de palavras. Os sábios ouvem muito e falam com cautela, porque sabem que somente ouvindo podem aprender algo de valor, enquanto não se aprende nada falando, a menos que seja o quanto é insensato falar demais! Os sábios, quando não têm certeza sobre se devem ou não falar, se dão o benefício da dúvida e ficam calados.

Trocar ideias utilizando palavras é uma das maneiras mais importantes de adquirir conhecimentos úteis, traçar planos para realizar os objetivos principais definidos e encontrar meios de colocar esses planos em prática. E as conversas à "mesa redonda" são uma característica notável das pessoas em posições mais elevadas. Mas essas discussões são muito diferentes das conversas fúteis nas quais algumas pessoas abrem a mente para qualquer um que queira entrar. O tempo, mais uma vez, nos força a fazer um intervalo para o almoço. Quando vocês voltarem, falarei sobre um método seguro para trocar ideias com razoável certeza de que obterão tanto quanto derem, ou mais. Com esse método, não só é possível falar livremente sobre seus planos mais acalentados, como também lucrar com isso.

CAPÍTULO CINCO

O hábito de Fazer um Esforço a Mais

O restaurante do hotel vibrava de empolgação enquanto os participantes da conferência discutiam o que haviam aprendido naquela manhã. A Definição de Objetivo era importante e colocaria qualquer indivíduo comprometido com ela no caminho da realização. A sessão daquela tarde prometia oferecer mais chaves fascinantes para o sucesso, e quase todos estavam preparados para fazer anotações. Quando voltaram ao auditório, ficaram surpresos ao encontrar uma mesa com cartões escritos à mão espalhados, dirigidos a cada participante. Em cada cartão estava escrito:

"Fazendo mais do que sua obrigação, você vai garantir múltiplas recompensas para si mesmo e os outros."

Os cartões não estavam assinados, mas todos sabiam quem os havia escrito. O público ficou impressionado com o tempo dedicado pelo orador para se dirigir a cada pessoa, e aquele gesto deixou todos mais ansiosos por ouvir o próximo princípio que ele estava prestes a compartilhar.

A chave mestra das riquezas

Quando todos estavam sentados, o orador veio por detrás de uma cortina, olhou ao redor da sala e deu um enorme sorriso. Parecia visivelmente satisfeito, e seu entusiasmo era realmente contagiante.

Ele começou:

Um princípio importante do sucesso em todas as esferas da vida e todas as ocupações é uma disposição de Fazer um Esforço a Mais, o que significa prestar mais e melhor o serviço pelo qual se é pago, e fazer isso com uma atitude mental positiva.

Procurem um único argumento sólido contra esse princípio e não encontrarão, assim como não encontrarão um único caso de sucesso duradouro que não tenha sido obtido em parte com sua aplicação.

Esse princípio não é uma invenção humana. Faz parte do trabalho da natureza, porque é óbvio que toda criatura viva com um nível de inteligência mais baixo do que o dos humanos é forçada a aplicar esse princípio para sobreviver.

Muitos podem desconsiderá-lo se quiserem, mas não podem fazer isso e ao mesmo tempo colher os frutos do sucesso duradouro. Observem como a natureza aplica esse princípio na produção de alimentos que crescem do solo, onde o fazendeiro é forçado a Fazer um Esforço a Mais capinando, arando e plantando a semente na época certa do ano, sem receber pagamento antecipado por isso.

Mas notem que se o fazendeiro fizer seu trabalho em harmonia com as leis da natureza, e na quantidade necessária, a natureza continua de onde ele parou, germinando a semente plantada e transformando-a em colheita.

O hábito de Fazer um Esforço a Mais

E observem cuidadosamente este fato significativo: para cada grão de trigo ou milho que o fazendeiro planta, a natureza produz talvez uma centena de grãos, fazendo assim com que o fazendeiro se beneficie com a lei de retornos crescentes.

A natureza faz um esforço a mais produzindo o suficiente para suas necessidades, além de um excedente para emergências e perdas; por exemplo, as frutas nas árvores, as flores de onde crescem os frutos, os sapos no lago e os peixes nos oceanos. Se isso não fosse verdade, todas as espécies de seres vivos logo desapareceriam.

Alguns acreditam que os animais e pássaros da floresta vivem sem trabalhar, mas pessoas atentas sabem que isso não é verdade. A verdade é que a natureza fornece fontes de alimento para todos os seres vivos, mas as criaturas devem trabalhar antes de poder se alimentar.

Assim, vemos que a natureza desencoraja o hábito que algumas pessoas adquiriram de tentar obter algo a troco de nada.

As vantagens do hábito de Fazer um Esforço a Mais são definitivas e compreensíveis. Vamos examinar algumas delas e nos convencer disso:

- O hábito atrai a atenção favorável daqueles que podem e vão fornecer oportunidades de autodesenvolvimento.
- Ele tende a torná-lo indispensável em muitas relações humanas diferentes e, portanto, torna possível exigir uma remuneração maior do que a média por serviços pessoais. Leva ao desenvolvimento mental, à habilidade física e à perfeição em muitas formas de empreendimento, aumentando assim a capacidade de ganho.

A chave mestra das riquezas

- Protege contra a perda de emprego quando ele está escasso e coloca quem o faz em uma posição de exigir trabalhos melhores. Permite-lhe lucrar sendo notado, afinal a maioria das pessoas não tem esse hábito.
- Leva ao desenvolvimento de uma atitude mental positiva, que é essencial para o sucesso duradouro.
- Tende a promover uma imaginação aguda e alerta porque é um hábito que inspira a pessoa a constantemente buscar novos e melhores modos de servir.
- Desenvolve a importante qualidade de iniciativa pessoal.
- Cria autoconfiança e coragem.
- Faz aumentar a confiança dos outros na integridade de quem tem esse hábito.
- Ajuda a eliminar o hábito destrutivo de procrastinação. Promove a Definição de Objetivo, evitando o hábito comum da falta de propósito.

Há ainda outra razão para seguir o hábito de Fazer um Esforço a Mais: *ele nos dá a única razão lógica para pedir uma compensação maior.*

Se um funcionário não faz mais nenhum serviço além daquele pelo qual é pago, obviamente está recebendo apenas o pagamento por isso. Esse funcionário deve prestar a quantidade de serviço exigida para esse salário a fim de manter seu emprego.

Mas todos temos a oportunidade de prestar um excedente de serviço como um meio de acumular boa vontade e oferecer uma razão justa para pedir um salário maior, um cargo melhor ou ambos.

O hábito de Fazer um Esforço a Mais

Como Fazer um Esforço a Mais está relacionado com as Doze Riquezas

O hábito de Fazer um Esforço a Mais é só um dos 17 princípios da filosofia que o Sr. Carnegie recomendou para aqueles em busca de riquezas, mas vamos considerar quanto esse princípio está diretamente relacionado com as Doze Riquezas.

Em primeiro lugar, esse hábito está intrinsicamente ligado ao desenvolvimento da mais importante das Doze Riquezas, uma *atitude mental positiva*. Quando alguém se torna senhor de suas próprias emoções e aprende a arte abençoada de auto-expressão prestando serviço útil para os outros, essa pessoa foi longe na direção do desenvolvimento de uma atitude mental positiva.

Com uma atitude mental positiva criando o padrão de pensamento adequado, o restante das Doze Riquezas se encaixa nesse padrão tão natural e inevitavelmente como a noite segue o dia. Reconheçam essa verdade e vocês entenderão por que o hábito de Fazer um Esforço a Mais traz benefícios que vão muito além da mera acumulação de riquezas materiais. Também entenderão por que esse princípio vem em primeiro lugar na filosofia de realização individual do Sr. Carnegie.

Agora, observemos que a recomendação de prestar mais e melhor serviço do que aquele pelo qual se é pago é paradoxal, porque é impossível para qualquer pessoa prestar tal serviço sem receber compensação adequada. A compensação pode vir de muitas formas e de muitas fontes diferentes, algumas das quais estranhas e inesperadas, mas virá.

A chave mestra das riquezas

O trabalhador que presta esse tipo de serviço nem sempre recebe compensação adequada da pessoa para quem o prestou, mas esse hábito atrairá para ele muitas oportunidades de auto-desenvolvimento, inclusive novas e mais favoráveis fontes de emprego. Assim, seu pagamento virá indiretamente.

Ralph Waldo Emerson tinha essa verdade em mente quando disse (em seu ensaio *Compensação*, de 1841):

> "Se você serve a um mestre ingrato, sirva-o mais. Ponha Deus em dívida com você. Cada movimento deverá ser recompensado. Quanto mais demorar o pagamento, melhor para você, porque juros sobre juros é o ritmo e o costume desse erário."

Falando mais uma vez em termos que parecem paradoxais, lembrem-se de que o tempo mais lucrativo que se pode dedicar ao trabalho é aquele pelo qual não se recebe compensação financeira direta ou imediata. Tenham em mente que há duas formas disponíveis de compensação para quem é assalariado. Uma é o salário recebido em dinheiro. A outra é a habilidade obtida com experiências, uma forma de compensação que frequentemente excede a remuneração monetária, uma vez que habilidade e experiência são os bens mais importantes do trabalhador porque tornam possível uma promoção com salário maior e maiores responsabilidades.

Esse é um bem que não pode ser negado a nenhum trabalhador, independentemente de quão egoísta ou ganancioso seja seu empregador imediato. É o "juros sobre juros" que Emerson mencionou.

O hábito de Fazer um Esforço a Mais

Foi esse próprio bem que deu a chance a Charles M. Schwab de subir, degrau por degrau, de seu início humilde como diarista para a mais alta posição que seu empregador tinha a oferecer; e também foi esse bem que proporcionou ao Sr. Schwab um bônus mais de dez vezes maior que seu salário. O bônus de um milhão de dólares que ele recebeu foi o pagamento por ter se esforçado ao máximo em cada tarefa que realizou — uma circunstância, vamos lembrar, que ele controlou totalmente. E uma circunstância que não teria ocorrido se ele não tivesse seguido o hábito de fazer um espaço a mais.

Aqui observamos que quem segue esse hábito faz o contratante de seus serviços ter a dupla obrigação de lhe pagar uma compensação justa — uma baseada no senso de justiça e a outra no temor de perder um colaborador valioso.

E também entendemos o que um grande líder da indústria tinha em mente quando disse: "Pessoalmente, não estou tão interessado em uma lei de trabalho mínimo semanal de quarenta horas, mas em descobrir como posso reunir quarenta horas em um único dia."

Esse foi o mesmo homem que disse: "Se eu fosse compelido a arriscar minhas chances de sucesso em apenas um dos 17 princípios da realização, arriscaria tudo, sem hesitar, no princípio de Fazer um Esforço a Mais."

Felizmente, ele não precisou fazer essa escolha, porque os 17 princípios da realização individual estão ligados uns aos outros como os elos de uma corrente. Juntos, são um modo de obter grande poder com seu uso coordenado. A omissão de qualquer um desses princípios enfraqueceria esse poder, assim como a remoção de um único elo quebraria a corrente.

A chave mestra das riquezas

O uso de cada um desses princípios representa uma qualidade mental definida e positiva, e cada circunstância baseada no poder do pensamento exige o uso de alguma combinação dos princípios.

Os 17 princípios podem ser comparados às 26 letras do alfabeto, cujas combinações são capazes de expressar todos os pensamentos humanos. O uso individual das letras tem pouco ou nenhum significado, mas quando elas são combinadas em palavras, expressam qualquer pensamento que se possa conceber.

Os 17 princípios são o "alfabeto" da realização individual, possibilitando que todos os talentos sejam expressos em sua forma mais elevada e benéfica e fornecendo os meios de obter a grande Chave Mestra das Riquezas.

Algumas pessoas que se beneficiaram com o hábito de Fazer um Esforço a Mais

Ninguém jamais realiza uma ação sem consequências. Vejamos se podemos revelar as consequências que justificam o hábito de Fazer um Esforço a Mais observando algumas pessoas inspiradas por esse hábito.

Muitos anos atrás uma senhora estava passeando por uma loja de departamentos de Pittsburgh, obviamente matando tempo, e passou por um balcão após o outro sem que ninguém prestasse atenção nela. Todos os vendedores a viram como uma "observadora" ociosa sem nenhuma intenção de compra. Eles faziam questão de olhar para o outro lado quando ela passava por seu balcão.

O hábito de Fazer um Esforço a Mais

Finalmente, a senhora foi até um balcão onde um jovem vendedor perguntou se lhe poderia ser útil.

— Não — respondeu a senhora. — Só estou matando tempo, esperando a chuva passar para eu ir para casa.

— Certo, senhora. — O jovem vendedor sorriu. — Posso lhe trazer uma cadeira? — E ele a trouxe sem esperar pela resposta. Quando a chuva passou, o vendedor pegou a senhora pelo braço, acompanhou-a até a rua e se despediu dela. Antes de ir, a mulher lhe pediu seu cartão.

Alguns meses depois, o dono da loja recebeu uma carta solicitando que aquele jovem fosse enviado à Escócia a fim de receber um pedido para mobiliar uma casa. O dono da loja respondeu que lamentava, mas o jovem não trabalhava no departamento de móveis. Contudo, explicou que ficaria feliz em enviar um "funcionário experiente" para cuidar do assunto.

Ele recebeu a resposta de que ninguém mais serviria, só aquele rapaz. As cartas eram assinadas por Andrew Carnegie, e a "casa" que ele queria mobiliar era o castelo Skibo, na Escócia. A senhora era a mãe do Sr. Carnegie. O jovem foi enviado para a Escócia. Ele recebeu um pedido de centenas de milhares de dólares em móveis e, com isso, uma sociedade na loja. Mais tarde, ele se tornou dono de metade da loja.

Alguns anos atrás, o editor de uma revista foi convidado a dar uma palestra em uma faculdade em Davenport, Iowa. Ele aceitou o convite mediante sua modesta remuneração regular, além das despesas de viagem. Na faculdade, obteve ideias suficientes para diversas matérias que planejava escrever para a revista. Quando lhe pediram as contas das despesas, ele se recusou, dizendo que já havia recebido pagamento adequado

A chave mestra das riquezas

pelas matérias que agora podia escrever. Então, pegou o trem de volta para Chicago, sentindo-se bem remunerado por sua viagem.

A notícia de sua recusa em aceitar o pagamento chegou aos estudantes de jornalismo para quem ele havia falado, pois se tratava de um exemplo de experiência jornalística da vida real. Na semana seguinte, o editor começou a receber de Davenport muitas assinaturas de sua revista. No fim da semana, havia recebido milhares de dólares em assinaturas. Depois, chegou uma carta do diretor da faculdade explicando que as assinaturas eram de seus alunos. Durante os dois anos seguintes, os alunos e os graduados na faculdade somaram mais de 50 mil dólares em assinaturas da revista do jovem editor. De tão impressionante, essa história foi escrita em uma revista de circulação em todos os países de língua inglesa, resultando em mais assinaturas vindas de muitos países diferentes.

Assim, prestando serviço sem remuneração, o editor havia começado a fazer com que a lei de retornos crescentes trabalhasse a seu favor, e isso lhe proporcionou um retorno de mais de quinhentas vezes seu investimento. O hábito de frequentemente Fazer um Esforço a Mais não é uma utopia. Compensa, e compensa muito!

Além disso, nunca esqueça! Como outros tipos de investimento, o hábito de Fazer um Esforço a Mais costuma render dividendos por toda a vida.

Vamos ver o que aconteceu quando outra pessoa deixou passar a oportunidade de Fazer um Esforço a Mais. No fim de uma tarde chuvosa, um vendedor de automóveis se sentou à sua escrivaninha no *showroom* de uma agência de uma conhecida

O hábito de Fazer um Esforço a Mais

revendedora de carros de luxo. A porta se abriu e um homem entrou, balançando alegremente sua bengala.

O vendedor ergueu os olhos do jornal vespertino, mirou de relance o recém-chegado e imediatamente deduziu que era outro daqueles curiosos que não fazem nada além de gastar o precioso tempo dos outros. Ele voltou a ler o jornal e tomou mais um gole de café, sem se dar ao trabalho de se levantar da cadeira.

O homem com a bengala andou pelo *showroom* e olhou ao redor, passando por vários carros. Finalmente, foi até onde o vendedor estava sentado, apoiou-se em sua bengala e perguntou casualmente o preço de três automóveis expostos. Sem erguer os olhos do jornal, o "vendedor" murmurou os preços.

O homem com a bengala se dirigiu aos três modelos que estivera olhando, chutou os pneus de cada um e então voltou para o desinteressado vendedor e disse:

— Bem, estou em dúvida se levarei este, aquele ou o outro lá, ou se comprarei os três.

O vendedor virou a página de seu jornal e deu um sorriso afetado.

— Claro.

Então o homem com a bengala continuou:

— Acho que me decidi. Faça o recibo apenas do conversível.

Ele pegou um talão de cheques, preencheu uma folha e o entregou ao vendedor que, agora muito mais alerta, finalmente tinha deixado de lado o jornal e se levantado. Quando o vendedor viu o nome no cheque, ficou pálido e pasmado. Era o mesmo nome do museu perto dali, na mesma elegante rua. Ele percebeu, tarde demais, que se tivesse feito um esforço a mais poderia facilmente ter vendido três dos automóveis em seu

89

A chave mestra das riquezas

showroom para Harry Whitney, oferecendo nada menos do que seu melhor serviço, e que não fazer isso lhe custara caro — uma lição que muitos aprendem tarde demais.

Mais de quarenta anos atrás, outro jovem vendedor estava numa posição parecida em uma loja de ferragens. Em um dia calmo ele observou que a loja tinha muitos produtos obsoletos e encalhados. Tendo tempo em suas mãos, improvisou uma mesa especial no meio da loja. Ele a encheu de produtos impossíveis de vender, com o preço irrisório de dez centavos por produto. Para sua surpresa e do dono da loja, os produtos venderam feito água.

O lendário conceito norte-americano de lojas com produtos que custam de cinco a dez centavos fora inventado ali mesmo pelo jovem Frank W. Woolworth. Tudo que ele fez foi um esforço a mais, e sua ideia lhe rendeu uma fortuna e um lugar importante na história empresarial dos Estados Unidos. Além disso, a mesma ideia tornou ricas muitas outras pessoas, e variações dessa ideia estão no centro de muitos dos sistemas de merchandising nos Estados Unidos.

Ninguém disse ao jovem Woolworth para exercer seu direito de iniciativa pessoal. Ninguém lhe pagou para fazer isso. Contudo, sua ação produziu retornos sempre crescentes de seus esforços.

Há algo sobre esse hábito de fazer mais do que aquilo pelo que se é pago que funciona em benefício da pessoa, mesmo enquanto ela dorme. Quando isso começa a funcionar, o acúmulo de riquezas é tão rápido que parece mágico e, como a lâmpada de Aladim, atrai a ajuda de um exército de gênios carregados de sacos de ouro.

O hábito de Fazer um Esforço a Mais

Um dia, um jovem repórter de jornal foi enviado para entrevistar Andrew Carnegie e escrever uma matéria sobre suas impressionantes conquistas no mundo industrial.

Durante a entrevista, Carnegie lhe sugeriu que se ele tivesse visão para Fazer um Esforço a Mais durante vinte anos de trabalho não remunerado, poderia adquirir uma fortuna comparável à do grande mestre do aço. O repórter aceitou esse desafio e se pôs a trabalhar. Depois de vinte anos de trabalho "não remunerado", ele ofereceu ao mundo os resultados líquidos do que aprendera sobre os métodos de Andrew Carnegie de acumular riquezas, assim como com os métodos de quinhentos outros homens que haviam acumulado grandes riquezas simplesmente fazendo um esforço a mais.

Hoje essa informação circula em forma de livro em praticamente todos os países de língua inglesa, sendo útil para milhões de pessoas que desejam aprender o segredo da realização por meio da iniciativa pessoal. O livro foi traduzido para muitos idiomas e visa ajudar aqueles que não temem fazer mais do que aquilo pelo que são pagos, transformando suas oportunidades em alguma forma de riqueza.

A compensação que esse ex-repórter de jornal está recebendo por seus vinte anos de trabalho "não remunerado" lhe proporciona riquezas suficientes para todas as suas necessidades. Entre as maiores delas estão paz de espírito, amizades inestimáveis em todo o mundo e a felicidade duradoura que é o destino de todos que encontraram o trabalho desejado, o apreciam e estão ocupados fazendo-o.

Vocês se lembrarão de que Charles M. Schwab começou como um trabalhador que não temeu Fazer um Esforço a Mais.

A chave mestra das riquezas

Alguns anos depois, seu vagão de trem particular estava fazendo o desvio para sua siderúrgica na Pensilvânia. Era uma manhã fria e gelada. Quando o Sr. Schwab saltou do vagão, um jovem com um bloco de anotações na mão foi apressadamente ao seu encontro. Ele explicou que era um auxiliar do escritório geral da siderúrgica, e viera saber se o Sr. Schwab precisava que escrevesse algum relatório, enviasse mensagens ou algo do gênero.

— Quem lhe pediu para vir ao meu encontro? — perguntou o Sr. Schwab.

— Ninguém — respondeu o jovem. — Eu recebi a notícia da sua chegada e vim esperando ser útil de alguma forma.

Pensem nisso! Ele foi esperando encontrar algo para fazer pelo qual não estava sendo pago. E por iniciativa própria, sem que ninguém lhe pedisse.

O Sr. Schwab lhe agradeceu educadamente por sua consideração, mas disse que não precisava de nenhuma ajuda naquele momento. Depois de anotar cuidadosamente o nome do jovem, ele o enviou de volta para seu trabalho.

Naquela noite, quando seu vagão particular foi engatado no trem noturno para retornar à cidade de Nova York, transportava o solícito jovem. A pedido do Sr. Schwab, ele havia sido designado para trabalhar como um dos assistentes pessoais do magnata do aço. O nome do rapaz era Williams. Ele permaneceu a serviço do Sr. Schwab por muitos anos, durante os quais obteve diversas oportunidades de promoção, sem que as pedisse.

É interessante como essas oportunidades arranjam um jeito de encontrar as pessoas que fazem um esforço a mais, e elas sempre encontram. Finalmente surgiu uma oportunidade que o jovem Williams não pôde ignorar. Ele se tornou presidente e

O hábito de Fazer um Esforço a Mais

grande acionista de uma das maiores empresas farmacêuticas dos Estados Unidos — um cargo que lhe rendeu uma fortuna muito maior do que suas necessidades.

Esse incidente é uma nítida evidência do que pode acontecer e tem acontecido ao longo dos anos sob o estilo de vida norte--americano.

Este é o momento apropriado para se lembrar de um aspecto importante sobre o hábito de Fazer um Esforço a Mais — mais do que aquilo pelo que se é pago. É a estranha influência que isso tem sobre quem o faz. O maior benefício desse hábito não é para aqueles a quem o serviço é prestado. É para aqueles que o prestam, na forma de uma "atitude mental" diferente que lhes dá mais influência sobre outras pessoas, mais autoconfiança, mais iniciativa, mais entusiasmo, mais visão e definição de objetivo — todas qualidades da realização bem-sucedida.

"Realize o feito e você terá o poder", disse Emerson. Ah sim, o poder! O que conseguimos fazer em nosso mundo sem poder? Mas deve ser o tipo de poder que atrai outras pessoas, em vez de afastá-las. Deve ser um poder impulsionado pela lei de retornos crescentes, pela qual as atitudes retornam enormemente multiplicadas.

Vocês que são assalariados deveriam aprender mais sobre o negócio de plantar e colher. Então entenderiam por que ninguém pode plantar continuamente a semente de serviço inadequado e colher pagamento integral. Deveriam saber que precisam abandonar o hábito de exigir o pagamento de um dia inteiro por um dia de trabalho malfeito.

E vocês que não são assalariados, mas desejam obter as melhores coisas da vida, deixem-me lhes dizer uma coisa. Por que

A chave mestra das riquezas

não se tornam sábios e começam a obter o que desejam do modo fácil e seguro? Sim, há um modo fácil e seguro de vocês obterem o que desejam na vida, e o segredo é conhecido por todos que fazem um esforço a mais. Não há outra maneira de descobrir o segredo, porque está envolvido nesse esforço a mais.

O pote de ouro no "fim do arco-íris" não é apenas um conto de fadas! Ao final daquele esforço a mais está o fim do arco--íris, onde está escondido o pote de ouro.

Poucas pessoas alcançam o "fim do arco-íris". Quando chegamos aonde pensamos que seja esse lugar, descobrimos que ele ainda está muito longe. O problema é que a maioria de nós nem ao menos sabe como seguir o arco-íris. Aqueles que conhecem o segredo sabem que o fim do arco-íris só pode ser alcançado com um esforço a mais.

Em um fim de tarde, William C. Durant, fundador da General Motors, foi ao seu banco após o expediente e pediu um favor.

O homem que atendeu o pedido foi Carol Downes, um simples bancário. Ele não só serviu ao Sr. Durant com eficiência como fez um esforço a mais e acrescentou cortesia ao serviço. Ele fez o Sr. Durant sentir que era um verdadeiro prazer servi--lo. A situação pareceu trivial e de pouca importância. Contudo, o que o Sr. Downes não sabia era que aquela cortesia estava destinada a ter consequências de grande alcance.

No dia seguinte, o Sr. Durant pediu a Downes que fosse até seu escritório. A visita levou a uma oferta de emprego, que Downes aceitou. Foi-lhe destinada uma mesa em um escritório geral no qual trabalhavam cem outras pessoas. Seu salário inicial era modesto.

O hábito de Fazer um Esforço a Mais

No fim do primeiro dia, quando deu o horário do fim do expediente, Downes notou que todos pegaram seus chapéus e casacos e se dirigiram apressadamente à porta. Ele ficou sentado, esperando os outros saírem do escritório, e permaneceu à sua mesa perguntando-se por que todos foram embora no instante em que o relógio marcou o horário do fim do expediente.

Quinze minutos depois, o Sr. Durant abriu a porta de sua sala, viu Downes ainda em seu lugar e lhe perguntou se ele sabia que podia parar de trabalhar às 17h30.

— Ah, sim — respondeu Downes —, mas eu não queria ser atropelado na correria. — Então perguntou se podia fazer algo pelo Sr. Durant. O magnata dos motores disse que poderia encontrar um lápis para ele. Downes pegou o lápis, apontou e o levou para o Sr. Durant, que lhe agradeceu e desejou boa--noite.

No dia seguinte, na hora da saída, Downes permaneceu novamente à sua escrivaninha depois que a "correria" terminou. Contudo, dessa vez aguardou com um objetivo. Pouco depois o Sr. Durant saiu de sua sala e perguntou novamente se Downes sabia que o fim do expediente era às 17h30.

— Sim. — Downes sorriu. — Eu sei que é o fim do expediente para os outros, mas não ouvi ninguém dizer que tenho que sair do escritório quando o dia é oficialmente encerrado, por isso resolvi ficar aqui na esperança de poder lhe prestar algum pequeno serviço.

— Que esperança incomum! — exclamou Durant. — De onde você tirou essa ideia?

— De uma cena que testemunho aqui todos os dias no fim do expediente — respondeu Downes. O Sr. Durant grunhiu

A chave mestra das riquezas

alguma resposta que Downes não ouviu nitidamente e voltou para o escritório.

Dali em diante, Downes sempre permanecia à sua escrivaninha no fim do expediente, até ver o Sr. Durant ir embora. Ele não recebia nenhuma hora extra. Ninguém lhe disse para fazer isso. Ninguém lhe prometeu nada por ficar, e até onde um observador casual poderia saber, ele estava apenas perdendo tempo.

Vários meses depois, Downes foi chamado ao escritório do Sr. Durant e informado de que havia sido escolhido para ir a uma nova fábrica recém-adquirida para supervisionar a instalação do maquinário. Imaginem só! Um ex-bancário tornou-se um especialista em maquinário em alguns meses.

Sem questionar, Downes aceitou a missão. Ele não disse: "Mas, Sr. Durant, eu não entendo nada de instalação de maquinário", "Esse não é meu trabalho" ou "Não estou sendo pago para instalar maquinário". Não, ele foi trabalhar e fez o que lhe foi pedido. Além disso, o fez com uma "atitude mental" agradável.

Três meses depois, o trabalho estava concluído. Estava tão bem feito que o Sr. Durant chamou Downes ao escritório e lhe perguntou onde havia aprendido sobre maquinário.

— Ah — explicou Downes. — Eu não aprendi, Sr. Durant. Apenas olhei ao redor, vi homens que sabiam o que fazer e os coloquei para trabalhar, e eles fizeram isso.

— Esplêndido! — exclamou o Sr. Durant. — Há dois tipos de pessoas que são valiosos. Um tipo é o que sabe como fazer algo e o faz muito bem, sem reclamar de sobrecarga de trabalho. O outro é aquele capaz de levar outras pessoas a fazerem as coisas bem, sem reclamar. Você reúne os dois tipos.

O hábito de Fazer um Esforço a Mais

Downes agradeceu o elogio e se virou para deixar a sala.

— Espere um momento — pediu o Sr. Durant. — Eu me esqueci de lhe dizer que você é o novo gerente da fábrica que instalou, e seu salário, para começar, é o dobro.

Os dez anos seguintes de associação com o Sr. Durant renderam entre dez e doze milhões de dólares para Carol Downes, uma soma expressiva na época. Ele se tornou conselheiro pessoal do rei dos motores e, como resultado disso, um homem rico.

O principal problema de muitos de nós é que vemos homens que "chegaram lá" e os avaliamos no momento de seu triunfo, sem nos darmos ao trabalho de descobrir como ou por que eles "chegaram lá".

Não há nada de extraordinário na história de Carol Downes. As situações aqui narradas ocorreram durante o dia de trabalho, sem ao menos serem percebidas pelas pessoas que trabalhavam com Downes. E não duvidamos que muitos desses colegas de trabalho o invejassem, porque acreditavam que ele havia sido favorecido pelo Sr. Durant por meio de algum tipo de empurrão ou sorte, ou qualquer que seja a desculpa daqueles que não são bem-sucedidos para explicar sua falta de progresso.

Bem, para ser sincero, Downes realmente recebeu um "empurrão" do Sr. Durant! Ele criou aquele "empurrão" com sua própria iniciativa.

Ele o criou fazendo um esforço a mais em algo tão trivial quanto apontar um lápis quando nada lhe foi pedido além de um simples lápis.

Ele o criou permanecendo à sua mesa "na esperança" de poder ser útil a seu empregador depois que a "correria" terminava, às 17h30 todas as tardes.

A chave mestra das riquezas

Ele o criou usando seu direito de iniciativa pessoal de encontrar homens que sabiam como instalar maquinário em vez de perguntar ao Sr. Durant onde ou como os encontraria.

Revejam essas situações passo a passo e vão perceber que o sucesso de Downes se deveu apenas à sua própria iniciativa. Além disso, a história consiste em uma série de pequenas tarefas bem feitas, com a "atitude mental" certa.

Talvez houvesse cem outros homens trabalhando para o Sr. Durant que pudessem ter se saído tão bem quanto Downes, mas o problema era que eles estavam buscando o "fim do arco-íris" indo embora às pressas no fim do expediente.

Muitos anos depois, um amigo perguntou a Carol Downes como ele obteve a oportunidade com o Sr. Durant.

— Ah — respondeu ele modestamente —, eu só fiz questão de ficar no caminho do Sr. Durant para que ele pudesse me ver. Quando olhou ao redor precisando de um pequeno serviço, ele me chamou porque eu era o único à vista. Com o passar do tempo, ele adquiriu o hábito de me chamar.

É isso aí! O Sr. Durant "adquiriu o hábito" de chamar Downes. Além disso, descobriu que Downes podia e iria assumir responsabilidades fazendo um esforço a mais.

É uma pena que nem todos tenham um pouco desse espírito de assumir mais responsabilidades. É uma pena que a maioria de nós não fale mais sobre os nossos "privilégios" e menos sobre a falta de oportunidades.

Alguém que viva hoje nos Estados Unidos afirmaria seriamente que teria sido melhor para Carol Downes se ele fosse forçado por lei a sair correndo feito louco do trabalho ao fim do expediente? Se tivesse feito isso, teria recebido o salário

O hábito de Fazer um Esforço a Mais

habitual pelo tipo de trabalho que desempenhava, nada mais. Por que ele deveria receber mais?

Downes tinha seu próprio destino nas mãos, embutido nesse privilégio único que deveria ser de todos: o direito de iniciativa pessoal por meio do hábito de sempre Fazer um Esforço a Mais. Isso conta toda a história. Não há nenhum outro segredo no sucesso de Downes. Ele o admite, e todos que conhecem as circunstâncias de sua ascensão da pobreza à riqueza sabem disso.

Há uma coisa que ninguém parece saber: por que existem tão poucas pessoas que, como Carol Downes, descobrem o poder em fazer mais do que aquilo pelo que se é pago? Isso contém a semente de todas as grandes realizações. É o segredo de todo sucesso digno de nota, contudo, é tão incompreendido que a maioria das pessoas o considera algum truque inteligente com o qual os empregados tentam obter mais trabalho de seus empregadores.

Essa indiferença em relação ao hábito de Fazer um Esforço a Mais foi dramaticamente expressada por um "sabichão" que certa vez tentou obter um emprego com Henry Ford. O Sr. Ford lhe perguntou sobre sua experiência, seus hábitos e outros assuntos rotineiros, e ficou satisfeito com as respostas. Então, perguntou quanto ele desejava ganhar pelos serviços. Nesse ponto, o homem se mostrou evasivo, e o Sr. Ford finalmente disse:

— Bem, suponhamos que você comece nos mostrando o que pode fazer, e depois dessa experiência nós lhe pagaremos tudo que você vale.

O Sr. Sabichão exclamou:

— Estou ganhando mais do que isso no meu emprego atual!

A chave mestra das riquezas

E não duvidamos que ele tenha dito a verdade. Isso explica exatamente por que tantas pessoas não vão para a frente na vida. Elas "ganham mais do que valem" em seu emprego e nunca aprendem como progredir valendo mais!

Uma história famosa intitulada *Mensagem a Garcia* conta como o presidente William McKinley encarregou um jovem soldado chamado Rowan de levar uma mensagem do governo dos Estados Unidos a Garcia, um líder dos rebeldes cujo exato paradeiro era desconhecido durante a guerra hispano-americana.

O jovem soldado pegou a mensagem e partiu para a selva cubana. Finalmente encontrou Garcia e lhe entregou a mensagem. Essa é toda a história, apenas um soldado cumprindo ordens, enfrentando dificuldades e fazendo seu trabalho sem voltar com uma desculpa.

A história inflamou imaginações e se espalhou por todo o mundo. O simples fato de um homem fazer o que lhe foi ordenado, e fazê-lo bem, tornou-se uma notícia de primeira grandeza. *Mensagem a Garcia* foi publicado em forma de livreto e suas vendas foram as mais altas de todos os tempos para esse tipo de publicação, totalizando mais de 10 milhões de cópias. Essa única história tornou o autor famoso, além de tê-lo ajudado a enriquecer.

A história se tornou popular porque continha algo do poder mágico das raras pessoas que fazem algo, e o fazem bem.

Todo o mundo clama por essas pessoas raras. Elas são necessárias e desejadas em todas as camadas sociais. A indústria norte-americana sempre teve posições principescas para aqueles dispostos a assumir responsabilidades e trabalhar com a "atitude mental" certa, fazendo um esforço a mais.

O hábito de Fazer um Esforço a Mais

Andrew Carnegie ergueu não menos de quarenta desses homens, inclusive Charles Schwab, das posições mais humildes de diaristas às de milionários. Ele sabia o valor das pessoas dispostas a Fazer um Esforço a Mais. Sempre que encontrava uma delas, levava "sua descoberta" para o círculo interno de seu negócio e lhe dava uma oportunidade de fazer "tudo o que ela valia".

Charles M. Schwab começou a trabalhar com Carnegie na humilde função de operador de estaca e ganhando por dia de trabalho. Mas, pouco a pouco, chegou ao topo e se tornou o braço direito de Carnegie. As pessoas fazem ou deixam de fazer coisas por um motivo. O motivo mais sólido para o hábito de Fazer um Esforço a Mais é que ele rende dividendos duradouros, de maneiras numerosas demais para mencionar, para todos que o seguem.

Nunca se soube de ninguém que alcançasse o sucesso permanente sem fazer mais do que aquilo pelo qual era pago. A prática tem sua correspondente nas leis da natureza. É apoiada por uma série impressionante de evidências de sua solidez fornecidas por aqueles que tornaram um hábito Fazer um Esforço a Mais. Isso se baseia em bom senso e justiça.

O melhor de todos os métodos para testar a solidez desse princípio é colocá-lo em prática como uma parte dos hábitos diários. Algumas verdades só podem ser aprendidas por experiência própria.

Alguns dirão: "Já estou fazendo mais do que aquilo pelo que sou pago, mas meu empregador, muito egoísta e ganancioso, não reconhece o tipo de serviço que presto." Todos nós sabemos que há pessoas gananciosas que desejam mais do que estão dispostas a pagar.

A chave mestra das riquezas

Empregadores egoístas são como barro nas mãos de um oleiro. A ganância pode induzi-los a recompensar quem lhes presta mais serviços.

Empregadores gananciosos não querem perder os serviços de quem tem o hábito de Fazer um Esforço a Mais.

Os inteligentes tratarão de se tornar indispensáveis para um empregador ganancioso ao trabalhar mais e melhor do que os demais. O empregador ganancioso fará "qualquer coisa" para não perder esse empregado. Assim, a dita ganância dos empregadores torna-se uma grande vantagem para quem tem o hábito de Fazer um Esforço a Mais.

Vimos essa técnica ser aplicada pelo menos cem vezes como um meio de manipular empregadores gananciosos usando a própria fraqueza deles. Nunca a vimos falhar!

Em algumas ocasiões, o empregador ganancioso não se moveu tão rapidamente quanto o esperado, mas isso se revelou um azar dele, porque aquele empregado atraiu a atenção de outro empregador competitivo que lhe fez uma proposta por seus serviços, e o empregado a aceitou.

Não há como enganar aqueles que têm o hábito de Fazer um Esforço a Mais. Se eles não obtêm o reconhecimento de uma fonte, esse reconhecimento vem voluntariamente de outra — e, em geral, quando é menos esperado. Aqueles que fazem um esforço a mais com a "atitude mental" certa nunca perdem tempo procurando um emprego. Não precisam fazer isso, porque o emprego está sempre procurando por eles. Crises econômicas podem vir e ir, negócios podem ser bons ou ruins, o país pode estar em guerra ou em paz, mas quem presta mais e melhores serviços para além do que é pago torna-se indispensável e, portanto, se garante contra o desemprego.

O hábito de Fazer um Esforço a Mais

Altos salários e indispensabilidade são irmãos gêmeos. Sempre foram e sempre serão!

As consequências de Fazer um Esforço a Mais são que não só vale a pena do ponto de vista pessoal, como também é lucrativo. De fato, Fazer um Esforço a Mais é um bom negócio.

Fazer um Esforço a Mais é um bom negócio

Muitas empresas incorporam o conceito de Fazer um Esforço a Mais à sua missão. Uma companhia aérea popular é um exemplo disso. O fundador fez tudo certo, e a companhia é conhecida por sua lista de espera de candidatos ansiosos por trabalhar nela. Um dos principais componentes do sucesso dessa companhia é seu serviço espetacular ao cliente.

O próprio fundador diz: "Sei que isso parece simples, mas eu sempre digo para seguirem a regra de ouro do serviço. Sirvam aos outros como gostariam de ser servidos. Eu pergunto ao nosso pessoal: 'Vocês gostam de ir a um restaurante ou a uma loja de departamentos e se deparar com um vendedor que é indiferente a vocês, que não se importa com suas necessidades e seus desejos e os trata como objetos?' Bem, todos têm que responder isso de um modo. 'Não, nós não gostamos.' Então eu digo: 'Nesse caso, não sejam hipócritas. Ofereçam um serviço melhor. Ofereçam o serviço que gostariam de receber.'"

A impressionante história de Edward Choate

Alguns homens inteligentes e outros sábios descobriram o caminho para as riquezas por meio da aplicação intencional do princípio de Fazer um Esforço a Mais para ganho financeiro.

A chave mestra das riquezas

Contudo, aqueles realmente sábios reconhecem que a maior compensação proporcionada por esse princípio vem em forma de amizades que duram a vida toda, relacionamentos humanos harmoniosos, um trabalho de amor, uma capacidade de compreender as pessoas e uma disposição de compartilhar bênçãos com os outros, tudo incluído nas Doze Riquezas da Vida.

Edward Choate foi um dos que reconheceram essa verdade e encontraram a Chave Mestra das Riquezas. Ele morava em Los Angeles, Califórnia, onde vendia seguros de vida.

No início de sua carreira de corretor, seus esforços lhe proporcionavam uma vida modesta, e ele não bateu nenhum recorde nesse campo. Perdeu todo o dinheiro em uma aventura empresarial infeliz e se viu na parte inferior da escada, forçado a recomeçar.

Eu disse "uma aventura empresarial infeliz", mas talvez devesse ter dito "uma aventura empresarial feliz", porque sua perda o fez parar, olhar, ouvir, PENSAR e meditar sobre por que o destino parecia levar alguns a altos patamares de realização e condenar outros à derrota temporária ou ao fracasso permanente.

Suas reflexões o levaram a estudar a filosofia de realização individual que Andrew Carnegie desenvolveu em sua brilhante carreira. Quando o Sr. Choate chegou à lição sobre Fazer um Esforço a Mais, foi despertado por um forte sentimento de compreensão que nunca havia experimentado, e reconheceu que a perda de riquezas materiais pode levar à fonte de riquezas maiores, que consistem em nossas forças espirituais.

Com tal descoberta, o Sr. Choate começou a se apropriar, uma a uma, das Doze Riquezas da Vida, começando pela primeira da lista, o desenvolvimento de uma atitude mental positiva.

O hábito de Fazer um Esforço a Mais

Pela primeira vez, ele parou de pensar na quantidade de seguros de vida que poderia vender e passou a olhar ao redor em busca de oportunidades de servir às pessoas sobrecarregadas de problemas.

Sua primeira oportunidade veio quando ele encontrou um jovem no deserto da Califórnia que fracassara em um empreendimento de mineração e estava passando fome. Choate levou o jovem para sua casa, o alimentou, encorajou e o manteve em sua casa até encontrar um bom emprego para ele.

Ao se colocar no papel do bom samaritano, o Sr. Choate não pensou em ganho financeiro, porque era óbvio que um rapaz atingido pela pobreza e com o espírito quebrantado nunca seria um comprador de seguro de vida.

Outras oportunidades de ajudar os menos afortunados começaram a surgir tão rápido que parecia que o Sr. Choate se tornara um ímã que só atraía pessoas com problemas difíceis de resolver.

Mas as aparências enganam, porque ele só estava passando por um período de teste em que podia demonstrar sua sinceridade de objetivo ajudando os outros. Um período, não vamos esquecer, que todos que aplicam o princípio de Fazer um Esforço a Mais devem experimentar de um modo ou de outro.

O cenário então mudou, e os negócios de Edward Choate começaram a tomar um rumo que ele provavelmente não havia esperado. Suas vendas de seguros de vida começaram a aumentar cada vez mais até atingirem o nível mais alto de todos os tempos. E, milagre dos milagres, uma das maiores apólices que ele já havia vendido foi para o empregador do jovem do deserto de quem se tornara amigo. A venda foi feita sem a solicitação do Sr. Choate.

105

A chave mestra das riquezas

Outras oportunidades começaram a surgir em seu caminho da mesma maneira, até ele realmente estar vendendo mais seguros sem grande esforço do que já vendera do modo mais difícil.

Além disso, ele havia explorado uma área de venda de apólices de valores muito altos. Líderes com grandes responsabilidades e muitas obrigações financeiras começaram a procurá-lo para lhe pedir conselhos relacionados a seus problemas de seguro de vida.

Seu negócio cresceu até ele atingir o objetivo tão almejado por todos os corretores: tornar-se um membro vitalício da Million Dollar Round Table. Tal distinção só é obtida por aqueles que vendem o mínimo de um milhão de dólares por ano em seguros durante três anos consecutivos.

Na época, apenas 57 outros corretores haviam conseguido esse notável feito. Assim, buscando riquezas espirituais, Edward Choate também encontrou riquezas materiais em maior abundância do que já havia esperado. Apenas seis anos depois de ter se visto no papel do bom samaritano, o Sr. Choate vendeu mais de dois milhões de dólares em seguros de vida durante os quatro primeiros meses do ano.

A história de suas realizações começou a se espalhar por todo o país. Isso lhe trouxe convites para falar em conferências para outros corretores de seguros desejosos de saber como ele havia conseguido chegar a uma posição tão invejável.

E ele lhes contou! Ao contrário da prática usual daqueles que são bem-sucedidos, Choate revelou a humildade de coração pela qual foi inspirado, admitindo francamente que suas realizações eram resultado da aplicação da filosofia de outros.

106

O hábito de Fazer um Esforço a Mais

As pessoas bem-sucedidas muitas vezes tendem a dar a impressão de que seu sucesso se deve à sua própria inteligência ou sabedoria, mas elas nem sempre dão crédito a seus mestres e mentores. Porque é óbvio que ninguém atinge um alto nível de sucesso duradouro sem a amigável cooperação de outras pessoas, e tampouco alcança o sucesso duradouro sem ajudar os outros.

Edward Choate é tão rico em valores materiais quanto precisa ser. Porém, é muito mais rico em valores espirituais, porque ele descobriu, obteve e usou de um modo inteligente todas as Doze Riquezas da Vida, das quais o dinheiro é a última e a menos importante.

CAPÍTULO SEIS

Amor, o verdadeiro emancipador da humanidade

O orador parou por um momento e olhou para o público. Ele pareceu irradiar um brilho de calor humano, e um sorriso lentamente se espalhou por seu rosto.

As pessoas se mexeram em suas cadeiras; algumas se entreolharam de maneira indagadora.

Sei que isso pode parecer desconfortável para alguns. Mas não posso prosseguir neste ponto sem lhes ensinar o que sinto ser a maior lição de todas, e talvez uma das mais difíceis de aprender. Eu gostaria de falar com vocês sobre o tema do amor. Para aqueles que pensam que o amor pode não ter muita relevância num seminário profissional, garanto que enxergarão essa conexão muito em breve.

O amor é nossa maior experiência como seres humanos. Ele torna possível a comunicação com a Inteligência Infinita.

Quando aliado às emoções do sexo e romance, pode levar aos mais altos picos da realização individual por meio de visão criativa.

A chave mestra das riquezas

As emoções de amor, sexo e romance são os três lados do eterno triângulo de realização conhecido como genialidade. A natureza não cria gênios por outros meios. O amor é uma expressão exterior da natureza espiritual da humanidade.

O sexo é puramente biológico, mas oferece as molas da ação em todos os esforços criativos, da mais humilde criatura que rasteja à mais complexa de todas as criações, o ser humano.

Quando o amor e o sexo se juntam com o espírito de romance, o mundo pode se rejubilar, porque esses são os potenciais dos grandes líderes que se tornam os pensadores profundos do mundo.

O amor une toda a humanidade. Elimina o egoísmo, a ganância, o ciúme e a inveja. A verdadeira grandeza nunca será encontrada onde o amor não habita.

O amor ao qual me refiro não deve ser confundido com as emoções do sexo, porque o amor em sua mais alta e pura expressão é uma combinação do eterno triângulo e, contudo, maior do que qualquer um de seus três lados.

O amor ao qual me refiro é o "impulso vital", o fator que dá vida, a mola propulsora de todos os esforços criativos que elevaram a humanidade ao atual estado de refinamento e cultura.

É o único fator que traça uma linha nítida de demarcação entre os seres humanos e todas as criaturas da Terra abaixo de nós. É o único fator que determina quanto espaço cada pessoa ocupará no coração dos outros.

O amor é a base sólida sobre a qual a primeira das Doze Riquezas da Vida — a atitude mental positiva — pode ser construída, e não vamos esquecer que ninguém pode se tornar realmente rico sem isso.

Amor, o verdadeiro emancipador da humanidade

O amor é o que sustenta todas as outras onze riquezas. Ele as embeleza e lhes dá a qualidade da resistência, o que pode ser comprovado com uma rápida observação de todos que obtiveram riquezas materiais, mas não obtiveram amor.

O hábito de Fazer um Esforço a Mais leva à obtenção desse espírito de amor, porque não há maior expressão de amor do que aquele demonstrado por um serviço prestado de maneira altruísta em benefício dos outros. Emerson tinha uma visão desse tipo de amor ao qual me refiro quando disse:

> Aqueles que são capazes de agir com humildade, justiça, amor e inspiração já estão na plataforma que comanda as ciências, as artes, a prosa e a poesia, a ação e a graça. Porque aqueles que vivem nessa mortal beatitude já antecipam os poderes especiais que os homens tanto prezam. O magnânimo sabe muito bem que aqueles que dão tempo, dinheiro ou abrigo a um estranho — por amor, não por ostentação — realmente põem Deus em dívida com eles, tão perfeitas são as compensações do universo. De algum modo, o tempo que parecem ter perdido é redimido e seus esforços são recompensados. Essas pessoas atiçam a chama do amor humano e elevam o padrão da virtude cívica da humanidade.

Grandes mentes de todas as épocas reconheceram o amor como o elixir eterno que une os corações da humanidade e nos torna responsáveis uns pelos outros. Uma das maiores mentes que os Estados Unidos já produziram, Robert Green Ingersoll, expressou suas opiniões sobre o amor em um clássico universal.

A chave mestra das riquezas

Ele disse:

O amor é o único arco-íris na nuvem carregada da vida.
É a estrela matutina e vespertina.
Brilha sobre bebês e projeta sua luz na silenciosa tumba.
É a mãe da arte, a inspiração do poeta, patriota e filósofo.
É o ar e a luz dos edificadores de todos os lares, que acende o fogo em todas as lareiras.
Foi o primeiro a sonhar com a imortalidade.
Enche o mundo de melodia, porque a música é a voz do amor.
O amor é o mágico, o encantador, o que transforma coisas sem valor em alegria e faz reis e rainhas justos de barro comum.
É o perfume daquela flor maravilhosa, o coração, e sem essa paixão sagrada, esse êxtase divino, somos menos do que bestas; mas, com amor, o mundo é o paraíso e nós somos deuses.
Amor é transfiguração. Enobrece, purifica e glorifica.
Amor é uma revelação, uma criação. O amor empresta ao mundo sua beleza e aos céus sua glória. Justiça, abnegação, caridade e compaixão são filhos do amor.
Sem amor toda glória desaparece, o nobre decai na vida, a arte morre, a música perde o significado e se torna apenas movimentos no ar, e a virtude deixa de existir.

Se alguém é realmente grande, ama toda a humanidade! Ama os bons e maus em toda a humanidade. Ama o bom com orgulho, admiração e alegria. Ama o mau com compaixão e tristeza,

Amor, o verdadeiro emancipador da humanidade

porque se for realmente grande sabe que as boas e más qualidades frequentemente são apenas resultados de circunstâncias sobre as quais as pessoas, por sua ignorância, têm pouco controle.

Para ser realmente grande, é preciso ser compassivo, solidário e tolerante. Quando compelido a julgar os outros, combina justiça com terna misericórdia, sempre se pondo do lado dos fracos, dos desinformados e dos atingidos pela pobreza.

Assim o indivíduo Faz um Esforço a Mais com um verdadeiro espírito fraternal de maneira voluntária e graciosa. E se o segundo esforço não for suficiente, deve fazer o terceiro, o quarto e quantos sejam necessários.

A mensagem do orador foi profunda. Depois que ele parou de falar e saiu do palco, muitos permaneceram em seus lugares, assimilando aquelas palavras poderosas. Quando as pessoas saíram da sala de conferências, era quase meia-noite.

CAPÍTULO SETE

Master Mind

Era bem cedo quando os participantes da conferência chegaram ao auditório. Estavam especialmente empolgados porque lhes fora dito que a lição daquele dia seria crucial para sua compreensão da Chave Mestra das Riquezas. Alguns, motivados pelo conteúdo da véspera, tinham voltado ao quarto a fim de contemplar o significado e a expressão do amor em sua própria vida. Outros não sabiam ao certo como se sentiam sobre o tema, esperando que na palestra o orador revisse alguns dos conceitos mais práticos que tinha apresentado.

Contudo, a lição em pauta pareceu uma continuação do tema do dia anterior. Quando os participantes encheram a grande sala, foi-lhes solicitado que se sentassem em pares, com alguém de sua escolha. Os que se recusaram a fazê-lo foram convidados a se retirar, porque não poderiam colher todos os benefícios da lição do dia. Embora os métodos do orador fossem misteriosos, a maioria escolheu seguir suas instruções, acreditando que, como as lições aprendidas até então, as informações que estavam prestes a receber seriam valiosas para a conquista do sucesso.

Quase dez minutos depois que todos estavam sentados, o orador apareceu. Dessa vez, uma mulher estava junto dele no palco. Eles pareciam ser da mesma idade, mas era difícil dizer se ela era sua esposa, colega, amiga de confiança ou outra pessoa importante em sua vida. Os participantes presumiram que logo saberiam a resposta. O orador pegou o microfone e a mão de sua convidada, e eles desceram juntos a escada lateral do palco para ficarem no corredor diante do público.

O princípio Master Mind [em tradução livre, mente mestra] é a base de todas as grandes realizações, a pedra fundamental de maior importância para todo progresso humano, seja ele individual ou coletivo. Ele oferece a chave para a obtenção de grande poder pessoal. O princípio Master Mind é definido como uma aliança de duas ou mais mentes em um espírito de perfeita harmonia e cooperação para alcançar um objetivo específico. O segredo de seu poder reside na palavra "harmonia". Sem esse elemento, o esforço coletivo pode constituir cooperação, mas não terá a força que a harmonia proporciona por meio da coordenação de esforços.

As premissas mais importantes do princípio Master Mind são:

Primeira premissa

O princípio Master Mind é o meio pelo qual podemos obter o máximo de benefícios de experiências, educação, especialidade, habilidade, treinamento e conhecimento inato dos outros, tão plenamente como se a mente deles fosse a nossa própria.

Master Mind

Segunda premissa

Uma aliança de duas ou mais mentes em um espírito de perfeita harmonia para a realização de um objetivo definido estimula cada mente com um alto grau de inspiração, e pode se tornar o estado mental conhecido como Fé. (Uma vaga ideia desse estímulo e de seu poder é experimentada nos relacionamentos de amizade íntima e de amor.)

Terceira premissa

Todo cérebro humano é uma emissora de rádio transmissora e receptora para expressão das vibrações do pensamento, e o efeito estimulante do princípio Master Mind promove a ação do pensamento por meio do que é comumente conhecido como telepatia, operando pelo sexto sentido.

Desse modo, muitas alianças profissionais e de negócios são traduzidas em realidade, e raramente alguém alcançou posição elevada ou poder duradouro sem a aplicação do princípio Master Mind.

Esse fato já é evidência suficiente da solidez e importância do princípio Master Mind, e é um fato que todos podem constatar sem um grande poder de observação ou a necessidade de sobrecarregar sua credulidade.

Quarta premissa

O princípio Master Mind, quando efetivamente aplicado, tem o efeito de conectar o indivíduo com seu subconsciente e o

117

A chave mestra das riquezas

subconsciente de aliados — o que pode explicar muitos dos resultados aparentemente milagrosos obtidos com ele.

Quinta premissa

Os relacionamentos humanos mais importantes que se beneficiam da aplicação do princípio Master Mind são:

1. Casamento
2. Religião
3. Aqueles ligados à ocupação, profissão ou vocação pessoal

O princípio Master Mind fez de Thomas A. Edison um grande inventor, apesar de sua falta de instrução e conhecimento das ciências — uma circunstância que dá esperança a todos que erroneamente acreditam estar em desvantagem por conta da falta de uma educação formal.

Com a ajuda do princípio Master Mind, podemos entender a história e estrutura de nosso planeta, por meio do conhecimento de geólogos qualificados.

Pelo conhecimento e pela experiência de químicos, podemos utilizar de maneira prática os conceitos da química sem que sejamos químicos treinados.

Com a ajuda de cientistas, técnicos, físicos e mecânicos é possível nos tornarmos inventores bem-sucedidos sem a necessidade de treinamento especial em nenhum desses campos, como fez Edison.

Master Mind

A importância das alianças

Há dois tipos gerais de alianças Master Mind:

1. Alianças por razões puramente sociais ou pessoais com parentes, conselheiros religiosos e amigos, em que não se busca ganho material ou objetivo. A mais importante dessas alianças é entre marido e esposa.
2. Alianças para negócios e desenvolvimento econômico e profissional, entre indivíduos que têm um motivo pessoal relacionado ao objeto da aliança.

Agora vamos considerar alguns dos exemplos mais importantes de poder obtido pela aplicação do princípio Master Mind.

A forma de governo norte-americana, originalmente escrita na Constituição dos Estados Unidos, deve ser analisada em primeiro lugar, porque é uma forma de poder que afeta todos os cidadãos do país e, em grande medida, todo o mundo.

Os Estados Unidos são conhecidos por três fatos óbvios:

1. São o país mais rico do mundo.
2. São a nação mais poderosa do mundo.
3. Proporcionam aos cidadãos mais liberdade pessoal do que qualquer outra nação.

Riquezas, liberdade e poder! Que combinação de realidades inspiradora!

A fonte desses benefícios não é difícil de determinar, porque está no centro da constituição norte-americana e do sistema de

A chave mestra das riquezas

livre-iniciativa, tão harmoniosamente coordenados que deram aos cidadãos um poder econômico espiritual que o mundo nunca havia testemunhado.

A forma de governo norte-americana é uma estupenda aliança Master Mind constituída pelo relacionamento harmonioso de todas as pessoas da nação, e funciona por meio de cinquenta grupos separados conhecidos como estados. O núcleo central do Master Mind norte-americano é facilmente identificável ao analisar a forma de governo e examinar seus componentes, todos sob o controle direto de uma maioria de pessoas.

Esses componentes são:

1. O poder executivo do governo (mantido por um presidente)
2. O poder judiciário (mantido pela Suprema Corte)
3. O poder legislativo (mantido pelas duas câmaras do Congresso)

A Constituição dos Estados Unidos foi tão sabiamente elaborada que o poder por trás de todos esses três poderes do governo é detido pelo povo. É algo do qual os cidadãos não podem ser privados, exceto por sua própria negligência em usá-lo!

O poder político norte-americano é expresso pelo governo. O poder econômico é mantido pelo sistema de livre-iniciativa. E a soma total desses dois poderes é sempre na proporção exata do grau de harmonia com que ambos são coordenados. O poder assim obtido pertence a todos. Foi esse poder que deu às pessoas o mais alto padrão de vida que a civilização já desenvolveu, e realmente tornou os Estados Unidos a nação mais rica, livre e poderosa do mundo.

Master Mind

Os norte-americanos se referem a esse poder como o *American Way of Life*.

Outro exemplo de Master Mind aplicado à indústria pode ser encontrado nos grandes sistemas norte-americanos de transportes e comunicações. Aqueles que administram as ferrovias e companhias aéreas e os sistemas de telefonia e telecomunicações estabeleceram um serviço jamais igualado por outro país. Sua eficiência e o poder resultante advêm totalmente da aplicação do princípio Master Mind ou coordenação harmoniosa de esforços.

Mais um exemplo do poder obtido com o princípio Master Mind pode ser visto no relacionamento das forças militares — Exército, Marinha e Força Aérea. Como em todos os lugares, o segredo do poder norte-americano tem sido a coordenação harmoniosa de esforços.

Os times esportivos são um excelente exemplo do poder advindo da harmonia de esforços.

O forte sistema norte-americano de merchandising é ainda outro exemplo do poder alcançado com esse princípio.

E toda indústria bem-sucedida é resultado da aplicação do Master Mind. Todo o sistema norte-americano de livre-iniciativa é um exemplo maravilhoso do poder econômico produzido pela coordenação harmoniosa e amigável de esforços.

Andrew Carnegie admitiu que toda a sua fortuna foi acumulada pela aplicação desse princípio, que lhe possibilitou criar uma das maiores organizações industriais que os Estados Unidos já viram. E vale lembrar que seu Master Mind abarcou toda a sua empresa, dos funcionários mais humildes àqueles em posições mais elevadas.

A chave mestra das riquezas

Os funcionários-chave de seu Master Mind, sua equipe administrativa e de supervisão, foram recrutados em sua base. Andrew Carnegie entendia tão bem o princípio Master Mind que inspirou todos os seus funcionários a aproveitar ao máximo essa oportunidade almejando uma posição mais elevada.

O homem a quem ele confiou a organização da filosofia de realização individual obteve o benefício, com o auxílio do Sr. Carnegie, da maior aliança Master Mind que já houve em um empreendimento desse tipo.

A aliança consistia em mais de quinhentos líderes da indústria do calibre do Sr. Carnegie, e se manteve por um período de vinte anos, durante os quais eles forneceram ao autor da filosofia os plenos benefícios de sua experiência industrial.

Essa aliança ofereceu ao mundo uma demonstração impressionante do poder que pode ser obtido a partir dos três princípios da filosofia: (1) o hábito de Fazer um Esforço a Mais, (2) Definição de Objetivo e (3) o princípio Master Mind.

O objetivo que inspirou esse trabalho foi o de oferecer a todos uma filosofia viável baseada nas experiências daqueles que haviam obtido sucesso material. Esse foi um objetivo altruísta, porque foi totalmente voltado para o benefício outros.

Aqueles por trás do objetivo já eram bem-sucedidos, mas reconheceram as vantagens de partilhar seus conhecimentos e as desvantagens de um sistema econômico que beneficia alguns poucos em detrimento de muitos.

E cada pessoa que participou daquela aliança demonstrou uma compreensão do princípio de Fazer um Esforço a Mais, contribuindo com tempo e experiência, sem nenhuma remuneração, a fim de que todos pudessem desfrutar dos benefícios

Master Mind

de uma filosofia conhecida como a própria base do excelente estilo de vida norte-americano — algo que tornou os Estados Unidos o país mais rico e livre do mundo.

Para uma ampla compreensão do poder e dos benefícios dessa aliança Master Mind específica, imaginem o que poderia significar para vocês ter o privilégio de escolher quinhentos grandes líderes norte-americanos da indústria dispostos a serem seus guias e instrutores durante vinte anos, sem custo ou compensação.

A colaboração com um grupo tão grande de líderes bem-sucedidos lhes traria o benefício de todos os conhecimentos experiências adquiridos com o desenvolvimento do sistema norte-americano de livre-iniciativa. Se vocês utilizassem da melhor forma esses conhecimentos, o sucesso seria inevitável.

O indivíduo mais humilde pode se beneficiar desse princípio formando uma aliança harmoniosa com qualquer pessoa. A aplicação mais profunda, e talvez a mais benéfica desse princípio, é a aliança Master Mind no casamento, desde que o motivo por trás dela seja o amor. Esse tipo de aliança não só harmoniza a mente do marido e da esposa, como também junta as qualidades espirituais de suas almas. Os benefícios de tal aliança não só trazem alegria e felicidade para ambos os parceiros como abençoam profundamente seus filhos com sólido caráter e os alicerces de uma vida bem-sucedida.

O melhor exemplo do princípio Master Mind

Vamos voltar as páginas do tempo em mais de meio século e dar uma olhada em uma família cujo relacionamento Master

A chave mestra das riquezas

Mind resultou na construção de um grande império industrial que hoje emprega milhões de homens e mulheres.

A cena começa na cozinha de uma casa humilde.

O marido montou um modelo rudimentar de motor a gasolina. A esposa está pondo combustível no motor, uma gota de cada vez, com a ajuda de um conta-gotas de colírio. O marido está manipulando a vela de ignição com a qual espera produzir a faísca para a combustão. Depois de semanas de incansável esforço — incansável porque se apoiou no amor —, dá-se a combustão e o volante do motor começa a girar.

Não havia nenhum dinheiro por trás desse experimento, nada além da Definição de Objetivo de duas pessoas que haviam formado uma aliança Master Mind para realizá-lo.

E não havia nenhuma promessa de compensação financeira direta ou imediata. O experimento teve que ser conduzido com a aplicação do princípio de Fazer um Esforço a Mais.

Mas, como resultado desse esforço, o modelo foi aperfeiçoado e o primeiro veículo autopropulsionado construído nos Estados Unidos se tornou uma realidade.

Então, a aliança Master Mind foi estendida para incluir mecânicos qualificados e alguns amigos e conhecidos que contribuíram com pequenas quantias para capital de giro e a produção de automóveis.

Hoje, a produção automobilística atingiu proporções fantásticas em comparação ao seu humilde início, produto da parceria Master Mind entre duas pessoas.

O homem por trás dessa produção é um dos quinhentos líderes cujas experiências de vida foram organizadas na filosofia de realização individual, e dificilmente alguém precisará ser lembrado de que seu nome era Henry Ford.

Master Mind

Com o aumento da produção de Ford, sua aliança Master Mind se expandiu até incluir um verdadeiro exército de mecânicos, engenheiros, químicos, pesquisadores, especialistas financeiros, uma equipe de vendas e muitos outros tipos de trabalho especializado, todos essenciais para uma operação tão ampla.

Por meio de sua aliança Master Mind, Henry Ford multiplicou o próprio cérebro por muitos milhares. Sem essa aliança, ele não poderia ter realizado suas vastas atividades industriais. A aliança perdurará, porque o poder que ela proporciona beneficia a todos a quem afeta.

E vale ressaltar que nenhuma aliança Master Mind perdura se não beneficiar a todos a quem afeta.

Vocês que acreditam no poder da cooperação humana, pensem bem no objetivo de sua aliança Master Mind antes de iniciá-la. Se desejam ter um poder duradouro, certifiquem-se de que ele seja usado em benefício de todos aqueles que afeta.

O poder tem o potencial de ser muito perigoso ou servir para glorificar certas pessoas, dependendo de como é usado. O Master Mind é o caminho para um grande poder — e como todas as outras formas de poder, está sujeito a ser aplicado de forma positiva ou negativa por parte daqueles que o exercem.

Essa não é uma simples afirmação de um truísmo óbvio, porque todos os registros dos atos da humanidade atestam sua veracidade. Todos os grandes filósofos, dos tempos de Platão, Aristóteles e Sócrates aos de William James e Ralph Waldo Emerson, também reconheceram e ressaltaram essa verdade.

A eletricidade fará o nosso trabalho, desde que nos adaptemos à sua natureza; mas também é capaz de matar se for usada

A chave mestra das riquezas

com esse objetivo. A imaginação não é capaz de conceber nenhum bem que também não possa ser usado com fins destrutivos. A comida é necessária para a manutenção da vida, e é boa quando adequadamente usada. Mas seu uso errado ou abusivo fará tanto mal quanto o mais potente veneno.

A importância do uso responsável do Master Mind

Agora vocês têm uma interpretação compreensível da maior fonte de poder pessoal conhecida pelo homem: o princípio Master Mind. A responsabilidade pelo uso correto desse princípio é sua.

Usem-no como Henry Ford o utilizou e serão abençoados como ele foi, com o privilégio de ocupar grande espaço no mundo — espaço tanto geográfico quanto em relacionamentos humanos amigáveis e cooperativos, porque é um fato que Henry Ford ocupou mais espaço nos corações amigáveis de seus parceiros profissionais do que praticamente qualquer outro industrial.

O Master Mind de Ford consistiu não só em uma aliança harmoniosa com seus funcionários e sua equipe técnica, mas foi muito além e incluiu as massas que ficavam de lado e o viam passar, pessoas como vocês e eu, que reconhecem filosofias pessoais e profissionais sólidas e respeitam sua prática sempre que a presenciam.

Enfatizamos a aplicação do Master Mind de Henry Ford porque não há em toda a história industrial um exemplo de realização individual baseada no estilo de vida norte-americano melhor que o dele. Ford beneficiou quase todos cuja vida foi

Master Mind

tocada por sua influência, e duvida-se muito que ele próprio tenha percebido todo o âmbito e a vastidão de sua influência na vida norte-americana.

O poder do Master Mind sob o controle de Henry Ford é uma bênção, não uma maldição ou um perigo, como poderia ser se tivesse sido exercido por alguém com menos visão do que ele. Tudo isso é uma observação sobre Ford não para louvá-lo, mas para inspirar aqueles que buscam alguma forma de engrandecimento pessoal sob o estilo de vida norte-americano.

Em uma análise de Henry Ford e outros cinquenta homens notáveis representando uma grande variedade de ocupações, baseada nos dezessete princípios dessa filosofia, Ford venceu todos os outros com uma ampla margem. Nos primeiros três princípios, Fazer um Esforço a Mais, Definição de Objetivo e Master Mind, ele venceu com cem por cento de vantagem. A "vantagem" indicou que Ford utilizara de maneira extraordinária esses três princípios — um fato estabelecido por rigorosa observação e análise de suas realizações e da influência positiva que teve em todo o mundo.

E vale lembrar que o primeiro membro da aliança Master Mind de Ford — sua esposa — ocupou o primeiro lugar nessa aliança durante toda a vida dele. A influência da esposa sobre Ford foi contínua e profunda! De fato, tão profunda que talvez não seja um exagero afirmar que, se não tivesse havido uma Sra. Ford, não teria havido nenhum grande império industrial Ford como o mundo o conhece.

Henry Ford cometeu erros. Alguns foram de julgamento, outros tiveram causas além de seu controle. Mas aqueles que conhecem todos os fatos de sua vida ativa dirão que ele só co-

A chave mestra das riquezas

meteu dois erros críticos, prontamente corrigidos por ele mesmo e por sua iniciativa pessoal tão logo foram percebidos.

Que recorde! Repliquem esse comportamento e vocês farão contribuições indispensáveis para o mundo. Além do mais, cada ato e ação serão recompensados com juros sobre juros.

O orador no palco se calou. Um membro da audiência ergueu a mão timidamente. Foi a primeira pergunta feita ao homem durante todo o dia.

— Com licença — *disse o participante.*

O orador assentiu em sua direção.

— Prossiga.

— Eu só gostaria de saber: por que estamos em pares esta manhã?

O orador ergueu as sobrancelhas, reconhecendo a importância da pergunta.

— Eu quase esqueci. Obrigado por lembrar. Coloquei vocês em pares para terem um pouco de tempo para conhecer outro participante, aprender com ele e, se quiserem, vê-lo como uma possível aliança Master Mind. Embora o casamento possa ser uma aliança suprema, é apenas uma aplicação da lição. Cada pessoa que vocês conhecem tem a capacidade de ajudá-los na busca de seus objetivos. Mesmo tendo apenas alguns minutos hoje para conhecer seu parceiro, vocês descobrirão que ambos têm algo a oferecer um ao outro. Vou falar mais sobre como seguir o princípio Master Mind na próxima lição, como pareceu aos olhos de um sábio mestre dessa filosofia, o próprio Sr. Carnegie.

Entretanto, convido cada um de vocês a começar a realizar seu Objetivo Principal Definido neste exato momento. Dedique

Master Mind

alguns minutos a compartilhar seu Objetivo Principal com seu parceiro hoje. Permita que ele o ajude a aperfeiçoar e moldar seu objetivo, para que lhe sirva do melhor modo possível.

Lembrem-se: não temam mirar alto ao estabelecer seu objetivo. Vocês vivem em uma terra de oportunidades, onde não há limites para a qualidade, a quantidade ou a natureza das riquezas que podem obter, desde que estejam dispostos a dar algo de valor adequado em troca.

Antes de estabelecerem seu objetivo na vida, decorem os versos do poema de Jessie B. Rittenhouse, "My Wage", do livro *The Door of Dreams*, e levem a sério as lições que ensinam:

> Eu negociei com a Vida por um centavo.
> E a Vida não pagou mais que isso,
> Por mais que eu implorasse em um anoitecer
> Ao contar meus parcos víveres.
> Porque a Vida é apenas um empregador
> Que só paga o combinado,
> Mas quando você aceita o salário,
> Deve fazer o trabalho.
> Eu trabalhei por um salário degradante,
> Apenas para descobrir, consternado,
> Que qualquer salário que eu tivesse pedido à Vida,
> Ela me teria pagado de bom grado.

Pessoas bem-sucedidas não negociam com a vida para obter pobreza! Elas sabem que há um poder pelo qual a vida pode valer a pena nos seus próprios termos. Elas sabem que esse poder está disponível a todos que possuem a Chave Mestra das

A chave mestra das riquezas

Riquezas. Elas reconhecem a verdadeira natureza deste poder e seu escopo ilimitado. Elas entendem isso em uma única palavra!

E essa palavra é conhecida por todos, mas os segredos de seu poder são compreendidos apenas por poucos.

CAPÍTULO OITO

A análise de Andrew Carnegie
do princípio Master Mind

Quando decidi compartilhar essas lições eu sabia que as palavras mais valiosas que poderia encontrar viriam diretamente do homem que teve um papel muito importante nessa missão de definir o sucesso: Andrew Carnegie.

Certo dia, o Sr. Carnegie me concedeu o privilégio de me dedicar algumas horas de seu tempo, por isso pude lhe perguntar exatamente o que ele queria dizer com o princípio Master Mind, para que outros pudessem usá-lo a fim de realizar seus Objetivos Principais Definidos. Eu lhe pedi para descrever, se possível, as várias maneiras pelas quais esse princípio pode ser aplicado por pessoas comuns em seus esforços diários para aproveitar ao máximo as oportunidades.

E eis a resposta do Sr. Carnegie: "Os privilégios disponíveis são uma fonte de grande poder. Mas privilégios não surgem feito cogumelos, que brotam do nada. Devem ser obtidos e mantidos com o uso do poder."

A chave mestra das riquezas

Os fundadores da forma de governo norte-americana, com sua visão e sabedoria, lançaram a base para todas as nossas formas de liberdade, autonomia e riquezas. Mas lançaram apenas a base. A responsabilidade de usar essa base deve ser assumida por todos que reivindicam qualquer parte dessa liberdade e riqueza.

Agora descreverei algumas das utilidades individuais do princípio Master Mind, e como ele pode ser aplicado no desenvolvimento do Objetivo Principal Definido.

Mas, primeiro, quero enfatizar que a realização do Objetivo Principal Definido só é possível com uma série de passos; que todos os pensamentos de um indivíduo, todos os negócios que envolvem outras pessoas, os planos que ele cria, os erros que comete, têm uma conexão vital com sua capacidade de atingir um objetivo escolhido.

A simples escolha de um Objetivo Principal Definido, mesmo manifestada em uma linguagem nítida e totalmente fixada na mente, não garante o sucesso de sua realização.

O objetivo principal de uma pessoa deve ser apoiado e buscado com esforço contínuo, cuja parte mais importante consiste no tipo de relacionamento mantido com os outros.

Com essa verdade bem estabelecida, não será difícil entender como é preciso ter cuidado ao escolher colaboradores, especialmente aqueles com quem se mantém contato pessoal estreito relacionado com seu trabalho ou sua ocupação.

Então, eis algumas das fontes de relacionamento humano que aquele que tem um Objetivo Principal Definido deve cultivar, organizar e usar em seu progresso no caminho para a realização de seu objetivo:

A análise de Andrew Carnegie do princípio Master Mind

Profissão

Fora o relacionamento conjugal ou uma parceria significativa (que é o mais importante de todos os relacionamentos de Master Mind), não há nenhuma forma de relacionamento tão importante quanto o que existe entre um trabalhador e seus colegas na profissão escolhida.

Todos têm uma tendência a assumir trejeitos, crenças, atitude mental, ponto de vista econômico e político entre outras características da pessoa mais franca e sincera com quem lidam em seu dia de trabalho.

A maior tragédia dessa tendência está no fato de que o melhor pensador nem sempre é o colega de trabalho mais franco e sincero, que frequentemente tem uma queixa e sente prazer em expressá-la entre os colegas.

Além disso, esse tipo de pessoa costuma não ter um Objetivo Principal Definido. Por isso, dedica grande parte de seu tempo a menosprezar quem tem.

As pessoas de bom caráter e que sabem exatamente o que querem em geral têm a sabedoria de falar pouco, e raramente perdem tempo tentando desencorajar os outros. Elas estão tão empenhadas em atingir seus próprios objetivos que não têm tempo a perder com nada ou ninguém que não contribua de algum modo para isso.

Reconhecendo que é possível encontrar em quase todos os grupos de colegas alguém cuja influência e cooperação seja útil, quem tem um bom discernimento e um Objetivo Principal Definido a atingir provará sua sabedoria formando amizades mutuamente benéficas com essas pessoas. As outras serão taticamente evitadas.

A chave mestra das riquezas

Naturalmente, essa pessoa buscará estreitas alianças com quem apresente traços de caráter, conhecimentos e personalidade potencialmente úteis. E é evidente que a pessoa com discernimento não vai ignorar aqueles em posições mais altas, atenta ao dia em que ela mesma terá posições de igual ou maior poder, nesse meio-tempo lembrando-se das palavras de Abraham Lincoln: "Eu vou estudar e me preparar, e algum dia eu terei uma oportunidade."

A pessoa com um Objetivo Principal Definido construtivo nunca invejará seus superiores. Em vez disso, estudará seus métodos e tentará a adquirir seus conhecimentos. Vocês podem considerar uma profecia o fato de que quem gasta tempo encontrando defeitos em seus superiores nunca se tornará um líder bem-sucedido.

Os melhores soldados são aqueles capazes de receber e cumprir ordens de seus superiores. Os que não são capazes de fazer isso jamais se tornarão líderes bem-sucedidos. A mesma regra vale para as pessoas em outras atividades. Se não tentarem ser iguais a quem está em uma posição superior à de vocês, em um espírito de harmonia, nunca se beneficiarão muito se associando a essa pessoa.

Nada menos que cem pessoas subiram na hierarquia em minha organização e se tornaram mais ricas do que precisavam ser. Não foram promovidas por terem má vontade ou pelo hábito de encontrar defeito naqueles acima ou abaixo delas, mas fazendo uso prático da experiência adquirida de todos com quem entravam em contato.

O indivíduo com um Objetivo Principal Definido fará uma cuidadosa lista de todas as pessoas com quem entrar em contato,

A análise de Andrew Carnegie do princípio Master Mind

e as verá como possíveis fontes de conhecimento útil ou influência que poderá usar em autopromoção.

Se uma pessoa olhar ao redor em seu local de trabalho, descobrirá que uma verdadeira sala de aula onde pode ter o melhor de todos os aprendizados — o que vem da observação e da experiência.

Ser sempre um aluno

"Quantos de nós podem tirar o máximo de proveito desse tipo de aprendizado?", perguntarão alguns.

A resposta só pode ser encontrada estudando-se os nove motivos básicos que levam as pessoas à ação voluntária. Com frequência emprestamos nossa experiência, nosso conhecimento e nossa cooperação aos outros, porque temos um motivo suficiente para isso. Quem se relaciona com os outros no local de trabalho com a atitude mental correta tem mais chances de aprender com seus colegas do que quem é beligerante, irritável, descortês ou negligente em relação às pequenas sutilezas da cortesia que existem entre todas as pessoas civilizadas.

O velho ditado que afirma que "você pode pegar mais moscas com mel do que com fel" poderia ser bem lembrado por quem deseja aprender com aqueles que sabem mais, e cuja cooperação é necessária e desejada.

Educação: não acaba quando termina

Aquele com um Objetivo Principal Definido de notáveis proporções deve ser sempre um aluno e aprender com todas as

A chave mestra das riquezas

fontes possíveis, especialmente aquelas com as quais pode adquirir conhecimento especializado e experiência relacionados com seu objetivo principal.

As bibliotecas públicas são gratuitas. Elas fornecem muito conhecimento organizado sobre todos os temas. Contêm todo o conhecimento humano sobre todos os temas em todos os idiomas. A pessoa bem-sucedida com um Objetivo Principal Definido assume a responsabilidade de ler livros relacionados ao seu objetivo, adquirindo conhecimento importante que provém de experiências de outros que a precederam.

Um programa de leitura deveria ser tão cuidadosamente planejado quanto uma dieta diária, porque conhecimento também é alimento, sem o qual não podemos nos desenvolver mentalmente.

O indivíduo que passa todo o seu tempo livre lendo tabloides não caminha na direção de uma grande conquista.

O mesmo pode ser dito daqueles que não incluem em sua leitura diária algo que lhes ofereça um conhecimento possível de ser empregado na realização de um objetivo principal. A leitura sem um propósito pode ser agradável, mas raramente tem utilidade para a ocupação de alguém.

Contudo, a leitura não é a única fonte de educação. Escolhendo bem entre nossos colegas, podemos formar alianças que enriqueçam nossa vida, apenas tendo conversas comuns com pessoas extraordinárias.

Clubes de negócios e profissionais oferecem uma oportunidade de formar alianças de grande benefício educativo, desde que sejam escolhidos clubes e sócios com um objetivo definido em mente. Por meio desse tipo de associação, muitos formaram

A análise de Andrew Carnegie do princípio Master Mind

negócios e relacionamentos sociais de grande valor para seu objetivo principal.

Ninguém pode ser bem-sucedido na vida sem o hábito de cultivar amizades. A palavra "contato", comumente empregada em relações pessoais, é importante. Se um indivíduo a tornar parte de sua prática diária para aumentar sua lista de contatos pessoais, esse hábito será muito benéfico de modos que não podem ser previstos. Chegará o momento em que esses contatos estarão prontos e dispostos a ajudar, caso a pessoa tenha feito um bom trabalho de networking.

A igreja é uma das fontes mais desejáveis para conhecer pessoas e cultivar amizades, porque as une em circunstâncias que inspiram o espírito de confraternidade.

Todos precisam de uma fonte que lhes propicie associar-se a alguém para troca de ideias, compreensão mútua e amizade, sem quaisquer considerações de ganho monetário. Quem se fecha em uma concha logo se tornará um rematado introvertido, egoísta e limitado em suas atitudes em relação à vida.

Desempenhar seu dever cívico

É tanto um dever quanto um privilégio do cidadão interessar-se por política e assim exercer o direito de ajudar a eleger homens e mulheres dignos dos cargos públicos.

O partido político ao qual uma pessoa pertence é muito menos importante do que o exercício do privilégio de votar. Se os políticos se sujam com práticas desonestas, não há ninguém a culpar exceto aqueles que têm o poder de manter as pessoas desonestas, indignas e ineficientes fora dos cargos públicos.

A chave mestra das riquezas

Além do privilégio de votar e do dever que o acompanha, não deveríamos ignorar os benefícios que podem ser obtidos com um interesse ativo em política, por meio de "contatos" e alianças com pessoas que podem se tornar úteis na realização de nosso Objetivo Principal Definido.

Em muitas ocupações, profissões e empresas, a influência política se torna um fator importante e definitivo para promover nossos interesses. Profissionais e empresários certamente não deveriam ignorar a possibilidade de promover seus interesses por meio de alianças políticas ativas.

O indivíduo alerta, que entende a necessidade de olhar em todas as direções possíveis em busca de aliados que o ajudem a realizar um objetivo principal na vida, utilizará de forma plena seu privilégio de votar.

Mas o principal motivo pelo qual todos os cidadãos deveriam ter um interesse ativo pela política, e que eu enfatizaria acima de todos os outros, é que se o melhor tipo de cidadão não exercer seu direito ao voto, a política se desintegrará e se tornará um mal que destruirá toda a nação.

Muitos líderes empenharam suas vidas e fortunas a fim de conceder a todos os cidadãos os privilégios de liberdade e autonomia para buscar seus objetivos na vida. E o principal desses privilégios é ajudar, por meio das urnas, a manter a instituição governamental que aqueles fundadores criaram para preservar tais privilégios.

Tudo que vale a pena possuir tem um preço.

Vocês desejam liberdade pessoal e autonomia! Muito bem, podem preservar esse direito formando uma aliança Master Mind com outras pessoas honestas e patriotas, e elegendo civis

A análise de Andrew Carnegie do princípio Master Mind

honestos para cargos públicos. E não é exagero afirmar que essa pode muito bem ser a mais importante aliança Master Mind que qualquer cidadão é capaz de fazer.

Seus antepassados lhes garantiram, com seus votos, liberdade pessoal e autonomia. Vocês não deveriam fazer menos por seus filhos e pelas gerações futuras!

Todo cidadão honesto tem influência suficiente sobre vizinhos e colegas de trabalho para fazer com que eles influenciem pelo menos outras cinco pessoas a exercer o direito de votar. Se esse cidadão não exercer essa influência, ainda será um cidadão honesto, mas não poderá ser chamado de patriota, porque o patriotismo tem um preço, que consiste na obrigação de exercê-lo.

Conectar-se com colegas

Alianças sociais: eis um campo fértil e quase ilimitado para cultivar "contatos" amigáveis, particularmente para casais que entendem a arte de fazer amizade por meio de atividades sociais.

Esses casais podem transformar uma casa e suas atividades sociais em um bem inestimável para eles, se a ocupação de um ou ambos exigir que aumentem seu círculo de suas amizades.

Muitos cuja ética profissional proíbe propaganda direta ou autopromoção podem efetivamente usar seus privilégios sociais, desde que tenham parceiros que gostam de atividades sociais.

O marido de uma advogada a ajudou a criar um dos escritórios de advocacia mais lucrativos de uma cidade do Meio-Oeste norte-americano com o simples processo de entreter com atividades sociais as esposas de outros empresários ricos. As possibilidades dessa equação são infinitas.

A chave mestra das riquezas

Uma das maiores vantagens de alianças com pessoas de várias camadas sociais é a oportunidade que esses contatos oferecem de rodas de conversa que levam ao acúmulo de conhecimentos úteis para a realização de um Objetivo Principal Definido.

Se as amizades de alguém forem numerosas e variadas o bastante, poderão se tornar valiosas fontes de informações sobre muitos temas, levando assim a uma forma de intercâmbio intelectual que é essencial para desenvolver a flexibilidade e a versatilidade exigidas em muitas profissões.

Quando um grupo de profissionais se reúne para uma roda de conversa sobre qualquer tema, esse tipo de expressão espontânea e troca de ideias enriquece a mente de todos os participantes. Todos nós precisamos reforçar nossas ideias e nossos planos com algo novo sobre o que refletir, e que só pode ser obtido por meio de conversas francas e sinceras com pessoas cuja experiência e educação diferem da nossa.

O escritor proeminente, para se manter em sua posição de destaque, deve sempre aumentar seu estoque de conhecimentos apropriando-se dos pensamentos e das ideias de outros, por meio de contatos pessoais e leitura.

Para qualquer mente permanecer brilhante, alerta, receptiva e flexível, ela deve ser sempre alimentada por outras mentes. Se essa renovação for negligenciada, a mente se atrofiará, como um braço que não é utilizado. Isso está de acordo com as leis da natureza. Estudem os planos da natureza e descobrirão que todos os seres vivos — do menor inseto ao ser humano com seu complexo organismo — só crescem e permanecem saudáveis pelo uso constante do corpo e da mente.

A análise de Andrew Carnegie do princípio Master Mind

Rodas de conversa não só aumentam nosso próprio conhecimento útil como desenvolvem e expandem o poder de nossa mente. Quem para de estudar no dia em que conclui sua educação formal nunca se tornará uma pessoa educada, não importa quanto conhecimento possa ter adquirido em sala de aula.

A vida é uma grande escola, e tudo que inspira ideias é o professor. O sábio não só tem consciência disso como inclui em sua rotina diária o contato com outras mentes, com o objetivo de desenvolver sua própria mente trocando ideias.

A rentável troca de ideias úteis

Portanto, vemos que o princípio da Chave Mestra tem um escopo de uso prático ilimitado. Ela lhes permite complementar o poder de sua própria mente com conhecimentos, experiências e atitudes mentais de outras pessoas.

Como alguém tão acertadamente expressou essa ideia: "Se eu lhe der um dos meus dólares em troca de um dos seus, cada um de nós não terá mais do que aquilo com que começou, mas se eu lhe der uma ideia em troca de uma sua, cada um de nós terá um retorno de cem por cento de seu investimento de tempo."

Nenhuma forma de relacionamento humana é mais rentável que a troca de ideias úteis e, por incrível que pareça, a verdade é que podemos obter da mente da pessoa mais humilde ideias da maior importância.

Permitam-me ilustrar isso com a história de um reverendo que obteve da mente de um jardineiro de sua igreja uma ideia que o levou à realização de seu Objetivo Principal Definido.

A chave mestra das riquezas

O nome do reverendo era Russell Conwell, e seu objetivo principal de longa data era fundar uma universidade. Tudo de que ele precisava era dinheiro, a considerável quantia de um pouco mais que um milhão de dólares, o que naquele tempo era muita coisa.

Certo dia, o reverendo parou para conversar com o jardineiro, que estava ocupado cortando a grama da igreja. Enquanto eles conversavam, Conwell casualmente observou que a grama do vizinho ao lado do pátio da igreja era um pouco mais verde e bem cuidada do que a sua, pretendendo que essa observação fosse uma branda advertência ao velho jardineiro.

Com um amplo sorriso no rosto, o jardineiro respondeu: "Sim, senhor, aquela grama realmente parece mais verde, mas é porque todos nós estamos muito acostumados com a grama deste lado da cerca."

Vejam, não houve nada de brilhante naquele comentário, porque não pretendeu ser nada mais do que uma desculpa do jardineiro para a própria preguiça, mas aquilo plantou na mente fértil de Russell Conwell a semente de uma ideia — apenas uma simples e pequena semente de ideia — que levou à solução de seu problema principal.

Daquele humilde comentário nasceu a ideia de uma palestra, que o reverendo preparou e concedeu mais de quatro mil vezes. Ele a chamou de "Acres de diamantes". A questão principal da palestra tratava de não precisarmos buscar oportunidades longe, mas encontrá-las bem onde estamos, reconhecendo o fato de que a grama do outro lado da cerca não é mais verde do que a nossa.

A análise de Andrew Carnegie do princípio Master Mind

A palestra rendeu durante a vida de Russell Conwell mais de seis milhões de dólares. Foi publicada em forma de livro, o qual foi um best-seller nos Estados Unidos durante muitos anos, e pode ser adquirido até hoje. Conwell usou o dinheiro para fundar e manter a Temple University da Filadélfia, na Pensilvânia, um dos grandes institutos de ensino do país.

A ideia em torno da qual aquela palestra foi realizada fez mais do que fundar uma universidade. Enriqueceu a mente de milhões de pessoas, influenciando-as a procurar oportunidades bem onde estavam. A filosofia da palestra é tão sólida hoje quanto era na primeira vez em que veio à mente de um jardineiro.

Lembrem-se disto: todo cérebro ativo é uma possível fonte de inspiração para quem está em busca de uma ideia, ou uma simples semente de ideia, de valor inestimável para a solução de problemas pessoais ou a realização de um objetivo principal na vida.

Às vezes, grandes ideias surgem de mentes humildes, mas geralmente vêm de pessoas mais próximas, com quem o relacionamento Master Mind foi deliberadamente estabelecido e mantido.

A experiência Master Mind de Carnegie

O orador então disse que Andrew Carnegie fez uma pausa depois de lhe contar essa história e pareceu ficar com um olhar perdido, como se estivesse se lembrando de algo muito especial. Quando o mundialmente famoso industrial olhou fixamente para o orador, ele percebeu que Andrew Carnegie estava prestes a lhe contar sua própria história de Master Mind.

A chave mestra das riquezas

A ideia mais rentável de minha carreira surgiu em uma tarde em que Charlie Schwab e eu estávamos andando por um campo de golfe. Quando terminamos nossas tacadas no 13º buraco, Charles me olhou com um sorriso tímido no rosto e disse: "Estou com três pontos de vantagem neste buraco, chefe, mas acabei de ter uma ideia que lhe daria muito tempo livre para jogar golfe."

A curiosidade me levou a perguntar sobre a natureza da ideia. Ele me disse, em uma breve frase em que cada palavra valeu, grosso modo, um milhão de dólares: "Consolide todas as suas siderúrgicas em uma grande corporação e depois venda-a para os banqueiros de Wall Street."

Não falamos mais sobre o assunto durante o jogo, mas naquela noite eu comecei a ruminar a ideia em minha mente. Antes de dormir, havia transformado a semente da ideia dele em um Objetivo Principal Definido. Na semana seguinte, enviei Charlie Schwab a Nova York para dar uma palestra a um grupo de banqueiros de Wall Street, entre eles J. Pierpont Morgan.

O tema da palestra foi um plano para a organização da United States Steel Corporation, na qual eu consolidava todas as minhas siderúrgicas e me retirava do negócio com mais dinheiro do que qualquer um precisa.

Agora deixe-me enfatizar um ponto: Charlie Schwab poderia nunca ter tido essa ideia e eu poderia nunca ter me beneficiado com ela se não tivesse incentivado meus colaboradores a criar novas ideias. Esse incentivo foi possível por meio de uma estreita e contínua aliança Master Mind com membros da minha empresa, entre eles Charlie Schwab.

A análise de Andrew Carnegie do princípio Master Mind

Networking, permitam-me repetir, é uma palavra importante!

É muito mais importante se a ela acrescentarmos a palavra "harmonioso"! Relacionando-nos harmoniosamente com as mentes de outras pessoas, podemos usar plenamente sua capacidade de ter ideias. Quem ignora esse fato se condena eternamente à penúria e à carência.

Ninguém é esperto o bastante para ampliar sua influência até muito longe sem a cooperação amigável de outras pessoas. Evidencie isso de todos os modos que puder, porque é em si suficiente para abrir a porta para o sucesso nos mais altos níveis de realização individual.

Muitas pessoas procuram o sucesso muito longe de onde estão, e frequentemente com planos complicados baseados em uma crença em sorte ou "milagres" que esperam poder favorecê-las.

Eu encontrei meus "Acres de diamantes" bem aqui onde estou, olhando para o brilho do aço quente em um alto-forno. Lembro-me bem do primeiro dia em que comecei a entreter a ideia de me tornar um líder da grande indústria de aço em vez de continuar a ser um ajudante nos "Acres de Diamantes" de outro homem.

No início, a ideia não era muito definitiva. Era mais um desejo do que um objetivo definido. Mas comecei a trazê-la de volta à minha mente e a incentivar que me dominasse, até que chegou o dia em que a ideia passou a me conduzir em vez de eu ter que conduzi-la.

A chave mestra das riquezas

Nesse dia, comecei a trabalhar seriamente em meus próprios "Acres de diamantes" e fiquei surpreso em saber quão rápido um Objetivo Principal Definido pode encontrar um modo de se manifestar em seu equivalente físico.

A primeira característica importante é saber o que se quer.

A segunda é começar a procurar diamantes exatamente onde se está, usando todas as ferramentas que se tem, mesmo que sejam apenas ferramentas do pensamento. Na proporção do uso correto que uma pessoa faz das ferramentas que tem, outras e melhores ferramentas se tornarão disponíveis quando se estiver pronto para elas.

Aqueles que entendem e usam o princípio Master Mind encontram as ferramentas necessárias muito mais rápido do que os que não sabem nada sobre esse princípio.

Toda mente precisa de um contato amigável com outras mentes para se expandir e se desenvolver. O indivíduo com discernimento e um Objetivo Principal Definido na vida escolhe, com o maior cuidado, os tipos de mente com os quais se relacionará intimamente, reconhecendo que nós definitivamente absorvemos uma parte da personalidade de qualquer pessoa com quem nos relacionamos.

Eu não daria muito por aqueles que não buscam a companhia de quem sabe mais. As pessoas alcançam o nível de seus superiores ou caem para o nível de seus inferiores segundo suas escolhas de relacionamento.

A análise de Andrew Carnegie do princípio Master Mind

Por último, há um pensamento que todo profissional autônomo ou assalariado deveria reconhecer e respeitar. É o fato de que um trabalho é, e deveria ser, um treinamento para uma posição mais alta na vida, por meio do qual o profissional está sendo pago de dois modos importantes: o primeiro com o salário recebido, e o segundo com a experiência adquirida no trabalho. E com frequência é verdade que o maior pagamento de uma pessoa não é o salário, mas a experiência adquirida com o trabalho!

O pagamento adicional obtido com a experiência depende em grande parte da atitude mental com que os trabalhadores se relacionam tanto com seus superiores quanto com aqueles abaixo deles. Se a atitude é positiva e cooperativa, e eles seguem o hábito de Fazer um Esforço a Mais, seu progresso será garantido e rápido.

Assim, vemos que aqueles que progridem colocam em prática não só o princípio Master Mind como também o de Fazer um Esforço a Mais e o da Definição de Objetivo — os três princípios inseparavelmente associados ao sucesso em todas as esferas da vida.

As recompensas de um relacionamento compromissado

Carnegie continuou:

Um relacionamento compromissado: essa é, de longe, a aliança mais importante que alguém faz durante a vida.

A chave mestra das riquezas

É importante do ponto de vista financeiro, físico, mental e espiritual, porque o relacionamento inclui todos esses elementos.

É no lar que a maioria das alianças Master Mind deveria começar, e a pessoa que escolheu acertadamente um parceiro fará, se for sensata em um nível econômico, da pessoa amada o primeiro membro de seu grupo Master Mind.

A aliança doméstica deveria incluir não só o casal compromissado, mas também outros membros da família que vivem na mesma casa, particularmente as crianças.

O princípio Master Mind colocam em ação as forças espirituais desses aliados para atingir um objetivo definitivo. E poder espiritual, embora intangível, é o maior de todos os poderes.

Um relacionamento compromissado em que há total harmonia, compreensão, solidariedade e coerência de objetivo no qual ambos estão interessados é um bem inestimável que pode levar os parceiros a altos níveis de realização pessoal.

A discórdia entre um casal é imperdoável, não importa o motivo. É imperdoável porque pode acabar com as chances de sucesso de ambos, mesmo se eles tiverem todos os atributos necessários para o sucesso.

E posso dar aqui uma sugestão para o benefício de ambos os parceiros?

Se aceita e seguida, essa sugestão pode fazer a diferença entre uma vida de pobreza e sofrimento e uma vida de opulência e abundância.

A análise de Andrew Carnegie do princípio Master Mind

O parceiro tem mais influência sobre sua cara-metade do que qualquer outra pessoa. Quando duas pessoas decidem se comprometer uma com a outra, e mais ninguém, há confiança e amor entre elas.

O amor encabeça a lista dos nove motivos básicos da vida que inspiram todas as ações voluntárias individuais. Por meio da emoção do amor, duas pessoas podem trabalhar em um espírito que não reconhece o fracasso como realidade. Mas lembrem que "resmungos", ciúme, encontrar defeitos e indiferença não alimentam a emoção do amor. Eles a matam.

Se um casal for sábio, reservará uma hora por dia para uma conversa Master Mind na qual discutirão em detalhes todos os seus interesses mútuos em um espírito de amor e compreensão. Os períodos mais adequados para essa conversa Master Mind são após o café da manhã e à noite, antes de dormir.

E todas as refeições deveriam ser um momento de amigável troca entre o casal. Não deveriam se transformar em períodos de interrogatório ou busca de defeitos, mas em tempos de devoção à família, alegria e conversas agradáveis de interesse mútuo. Mais relacionamentos familiares são destruídos durante as refeições do que em qualquer outro período, porque essa é uma hora que muitas famílias dedicam a resolver suas diferenças de opinião ou disciplinar os filhos.

Ambos os cônjuges deveriam ter um grande interesse pela ocupação um do outro, conhecer todos os seus aspectos. Quando duas pessoas se casam, elas investem na sociedade conjugal. Se uma se relacionar com a outra aplicando o prin-

A chave mestra das riquezas

cípio Master Mind, as ações em que cada um investiu continuarão a aumentar de valor.

O parceiro sensato administrará a sociedade conjugal com um orçamento cuidadosamente preparado, tomando o cuidado de não gastar mais do que a renda permite. Muitos casamentos chegam à beira do precipício porque o casal fica sem dinheiro.

E não é um mero axioma dizer que quando a pobreza entra pela porta, o amor sai pela janela. O amor, como um belo quadro, precisa ser embelezado com moldura e iluminação adequadas. Precisa ser cultivado e nutrido, assim como o corpo físico. O amor não floresce na indiferença, no resmungo, na busca por defeitos ou na dominação do parceiro.

O amor floresce melhor quando o casal o alimenta com coerência de objetivo. O parceiro que se lembra disso pode ser para sempre a pessoa mais influente na vida de seu par. O que se esquece disso pode ver chegar o dia em que seu par começa a olhar ao redor em busca de uma oportunidade de, por assim dizer, "trocar o velho modelo por um novo". Ao mesmo tempo que um ou ambos os parceiros podem ter a responsabilidade de trabalhar, cada qual deveria ter a responsabilidade de reduzir os choques e as resistências que o casal enfrentará em relação ao trabalho — uma responsabilidade que pode ser evitada com o planejamento de uma vida doméstica agradável e todas as atividades sociais que possam ser adequadas para as carreiras dos dois.

O amor pelo cônjuge, se for o tipo certo de amor, é abundante o bastante para servir a toda a família, e um cônjuge feliz pode espalhar todo o seu amor ao redor igualmente, sem injusta preferência pelo parceiro ou pelas crianças.

A análise de Andrew Carnegie do princípio Master Mind

Quando a base do relacionamento Master Mind é um amor abundante, as finanças da família não tendem a ser motivo de inquietação, porque o amor tem um modo de remover todos os obstáculos, resolver todos os problemas e superar todas as dificuldades.

Problemas familiares podem surgir, e surgem em todas as famílias, mas o amor deveria superá-los. Mantenha a luz do amor brilhando, e tudo o mais seguirá o padrão de seus maiores desejos.

Sei que esse conselho é bom porque eu o segui em meu próprio relacionamento familiar, e posso honestamente dizer que foi o responsável por todo o meu sucesso material.*

Outros exemplos de relacionamento Master Mind bem--sucedidos

Retomando o tema dos relacionamentos familiares Master Mind de onde Andrew Carnegie parou, este parece ser um lugar apropriado para ressaltar que a experiência dele não é de modo algum isolada.

Não era nenhum segredo para os amigos pessoais de Henry Ford e sua esposa que o relacionamento Master Mind deles foi um fator importante na construção do grande império industrial

---

* A franca confissão do Sr. Carnegie se torna impressionante quando consideramos o fato de que ele acumulou uma fortuna de mais de 500 milhões de dólares. O Sr. Carnegie fez uma enorme fortuna, mas aqueles que conheciam seu relacionamento com a esposa sabem que a Sra. Carnegie fez o Sr. Carnegie!

A chave mestra das riquezas

de Ford. O público ouviu falar muito pouco da Sra. Ford, mas o fato é que, desde o dia do casamento, ela foi uma forte influência na vida do marido.

Thomas A. Edison admitiu espontaneamente que a Sra. Edison foi a maior fonte de sua inspiração. Eles realizavam suas reuniões Master Mind diariamente, em geral depois do encerramento do dia de trabalho do Sr. Edison. E não permitiam que nada interferisse nessas reuniões. A Sra. Edison se encarregava disso, porque reconhecia o valor de seu profundo interesse em todo o trabalho experimental do marido.

O Sr. Edison frequentemente trabalhava até tarde da noite, mas ao voltar para casa encontrava a esposa esperando por ele, ansiosa por saber de seus sucessos e fracassos do dia. Ela conhecia todos os experimentos que o marido conduzia e se interessava por eles.

A Sra. Edison foi fonte de apoio e conselhos para o Sr. Edison, o que permitiu a ele observar seu trabalho de fora, e dizem que ela frequentemente fornecia o elemento que faltava para muitos dos problemas não resolvidos dele.

Muitos acreditam que a Sra. Edison foi responsável pela aliança Master Mind entre o Sr. Edison, Henry Ford, Harvey Firestone e John Burroughs, o naturalista. Essas reuniões eram interessantes o bastante para ser noticiadas nos grandes jornais da época. Se o relacionamento Master Mind era considerado valioso por pessoas desse calibre, certamente também deveria ser pelas que estão tentando encontrar seu lugar no mundo.

Amor e Romance tiveram um papel importante na vida daqueles que eram realmente grandes líderes. A história de

A análise de Andrew Carnegie do princípio Master Mind

Robert e Elizabeth Barrett Browning está repleta de evidências de que essas entidades invisíveis, que eles reconheciam e respeitavam, foram em grande parte responsáveis pelas obras literárias inspiradoras desses grandes poetas.

A história atribui a ascensão de Napoleão Bonaparte ao poder militar à sua primeira esposa, Josephine. Os sucessos militares de Napoleão começaram a diminuir quando ele deixou que sua ambição por poder colocasse Josephine de lado, e pouco depois desse ato ele foi derrotado e banido para a remota ilha de Santa Helena.

Pode ser oportuno mencionar que muitos no mundo dos negócios, considerados "Napoleões" de seus tempos, enfrentaram o mesmo tipo de derrota pelo mesmo motivo. Com as altas taxas de divórcio atuais, frequentemente ambos os parceiros mantêm seus relacionamentos Master Mind até obterem poder, fama e fortuna, e depois "trocam o velho modelo por um novo", como disse Andrew Carnegie.

A história de Charles M. Schwab foi diferente. Ele também ganhou fama e fortuna por meio de sua aliança Master Mind com Andrew Carnegie, ajudado por um relacionamento similar com sua esposa, que foi uma pessoa com dificuldade de levar uma vida ativa durante a maior parte da vida conjugal. Ele não a abandonou por causa de sua condição, mas ficou lealmente a seu lado até sua morte, porque acreditava que a lealdade é o primeiro requisito do bom caráter.

Falando sobre lealdade, é oportuno dizer que a deslealdade nos relacionamentos comerciais Master Mind é uma das causas mais frequentes de fracasso nos negócios. Se os sócios mantêm o espírito de lealdade uns com os outros, geralmente encontram um modo de superar suas derrotas e desvantagens.

A chave mestra das riquezas

Dizem que o primeiro traço de caráter que Andrew Carnegie procurava nos jovens profissionais que promovia a posições executivas com altos salários era a lealdade. Ele frequentemente dizia que se um funcionário não tivesse inerentemente a qualidade da lealdade, não teria a base adequada para um bom caráter em outras direções.

Seus métodos para testar a lealdade dos funcionários eram engenhosos e de múltiplo escopo. Os testes ocorriam antes e depois das promoções, até não restar nenhuma dúvida sobre a lealdade de um funcionário. E é um tributo ao seu profundo *insight* ele ter cometido apenas uns poucos erros de julgamento.

Alguns últimos "faça" e "não faça"

Não revelem o objetivo de sua aliança Master Mind para quem não participa dela, e certifiquem-se de que seus aliados também não farão isso, porque os preguiçosos, desdenhosos e invejosos ficam nos bastidores da vida esperando uma oportunidade para plantar as sementes do desencorajamento na mente de quem se sai melhor do que eles. Evitem essa armadilha guardando seus planos para si mesmos, exceto na medida em que são revelados por suas ações e conquistas.

Não vão para suas reuniões Master Mind cheios de atitudes mentais negativas. Lembrem-se de que se vocês são os líderes de um grupo Master Mind têm a responsabilidade de manter todos os membros da aliança com um alto grau de interesse e entusiasmo. Vocês não podem fazer isso sendo negativos. Além do mais, as pessoas não seguirão com entusiasmo um líder que apresente tendência à dúvida, indecisão ou falta de fé no Objetivo Principal Definido. Mantenham seus aliados Master Mind

A análise de Andrew Carnegie do princípio Master Mind

com um alto grau de entusiasmo mantendo a si mesmos igualmente entusiasmados.

Certifiquem-se de que cada membro de sua aliança Master Mind esteja recebendo compensação adequada, de uma ou outra forma, na proporção das contribuições de cada um para seu sucesso. Lembrem-se de que ninguém faz nada com entusiasmo se não se beneficia disso. Familiarizem-se com os nove motivos básicos que inspiram toda ação voluntária, e façam com que todos os seus aliados Master Mind se sintam motivados a lhes dedicar lealdade, entusiasmo e confiança.

Se vocês estão envolvidos com seus aliados Master Mind porque desejam obter ganho financeiro, deem mais do que recebem, adotando e seguindo o princípio de Fazer um Esforço a Mais. Façam isso voluntariamente, antes que lhes peçam, se desejam tirar o máximo proveito desse hábito.

Não incluam concorrentes em suas alianças Master Mind, mas sigam a política do Rotary Club de se cercar de pessoas que não tenham motivo para se opor umas às outras — pessoas que não sejam concorrentes.

Não tentem dominar seu grupo Master Mind usando força, medo ou coação, mas mantenham sua liderança usando diplomacia, baseados em um motivo definido para lealdade e cooperação. Os dias de liderança forçada se foram. Não tentem revivê-los, porque eles não têm lugar na vida civilizada.

Não deixem de dar todos os passos necessários para criar o espírito de fraternidade entre seus aliados Master Mind, a fim de obter um trabalho de equipe amigável que lhes dará um poder que de outro modo vocês não alcançariam.

A aliança Master Mind mais poderosa da história foi formada pelas Nações Unidas durante a Segunda Guerra Mundial. Seus líderes anunciaram para todo o mundo que seu Objetivo

A chave mestra das riquezas

Principal Definido se baseava na determinação de proporcionar liberdade e autonomia a todas as pessoas do mundo, tanto para os vencedores quanto para os vencidos!

Esse pronunciamento rendeu mil vitórias nos campos de batalha, porque teve o efeito de criar confiança na mente das pessoas afetadas pelo resultado da guerra. Sem confiança não pode haver nenhum relacionamento Master Mind — no campo das operações militares ou em qualquer outro.

A confiança é a base de todos os relacionamentos harmoniosos. Lembrem-se disso ao organizar sua aliança Master Mind, se quiserem que ela seja duradoura e sirva a seus interesses.

Acabei de revelar a vocês o princípio operante da maior de todas as fontes de poder entre todas as pessoas: Master Mind.

Com a combinação dos quatro primeiros princípios dessa filosofia — o hábito de Fazer um Esforço a Mais, Definição de Objetivo, Master Mind e o que se segue — pode-se ter uma ideia do segredo do poder disponível por meio da Chave Mestra das Riquezas.

Portanto, devo lhes dizer que aguardem esperançosamente a análise de nosso próximo seminário, porque pode muito bem ser o ponto de virada mais importante de sua vida.

Agora vou lhes apresentar a abordagem da plena compreensão de um poder que tem desafiado a análise de todo o mundo científico. Além disso, espero lhes fornecer a fórmula com a qual poderão se apropriar desse poder e usá-lo para realizar seu Objetivo Principal Definido na vida.

CAPÍTULO NOVE

Fé Aplicada

Os participantes da conferência, que àquela altura haviam se tornado bastante próximos, estavam intrigados com o pronunciamento final do cavalheiro. A que poder ele estava se referindo? Durante o jantar daquela noite, alguns haviam especulado que ele se referia ao poder do sol. Outros achavam que talvez ele conhecesse um novo tipo de poder ainda não anunciado para o mundo. Fosse qual fosse o poder, os participantes acreditavam que as palavras do orador sobre esse tema seriam tão cativantes quanto foram até ali.

Era a manhã do sétimo dia de conferência, o penúltimo até o encerramento. Quando as pessoas se reuniram no auditório com seus cafés, uma sombra pairava no ar. O distinto cavalheiro já estava lá, debruçado sobre suas anotações. Parecia imerso em pensamentos e muito sério. Em determinado momento, fechou os olhos por vários minutos. Quando os abriu, estava animado e renovado. Ele começou:

A Fé é uma visita real que só entra na mente devidamente preparada para ela, a mente organizada pela autodisciplina.

A chave mestra das riquezas

Certamente ele tinha a atenção de todos.

Como toda a realeza, a Fé ocupa o melhor quarto — não, a melhor suíte — na morada mental. Não ocupa os aposentos dos criados e não se associa a inveja, ganância, superstição, ódio, vingança, vaidade, dúvida, preocupação ou medo.

Entendam todo o significado dessa verdade e estarão a caminho de uma compreensão daquele poder misterioso que tem intrigado cientistas através dos tempos. Então reconhecerão a necessidade de condicionar sua mente, por meio de autodisciplina, antes de esperar que a Fé se torne seu hóspede permanente.

Lembrem-se das palavras do sábio Ralph Waldo Emerson: "Em todo homem há algo que eu posso aprender, e no que diz respeito a isso sou seu pupilo." Agora eu lhes apresentarei um homem que foi um grande benfeitor da humanidade, para que observem como alguém vai do condicionamento da mente para a expressão da Fé.

Com isso, o distinto cavalheiro pegou um livro com capa de couro marrom desbotada e folheou as páginas até uma passagem marcada.

Deixem que ele conte sua própria história .

Ele começou a ler em voz alta:

Durante a Grande Depressão, que começou em 1929, fiz um curso de especialização na escola da vida, a maior de todas as escolas. Foi então que descobri que tinha uma fortuna escondida, mas não a estava usando. Fiz essa descoberta em uma manhã, quando recebi a notícia de que meu banco havia fechado as portas, possivelmente para sempre. Foi então que

Fé aplicada

comecei a fazer um inventário dos meus bens intangíveis não usados. Acompanhem-me enquanto descrevo o que o inventário revelou.

Vamos começar pelo item mais importante da lista, a Fé não usada!

Quando procurei bem fundo em meu coração, descobri que, apesar de minhas perdas financeiras, restava-me uma Fé abundante na Inteligência Infinita e nos outros.

Com essa descoberta veio outra, ainda mais importante, a de que a Fé pode realizar o que nem todo o dinheiro do mundo conseguiria.

Quando eu tinha todo o dinheiro de que precisava, cometi o grave erro de acreditar que ele era uma fonte de poder permanente. Então veio a surpreendente revelação de que o dinheiro, sem Fé, não é nada além de matéria inerte, que em si não possui nenhum poder.

Reconhecendo, talvez pela primeira vez em minha vida, o enorme poder da Fé duradoura, fiz uma cuidadosa autoanálise a fim de determinar exatamente quanto dessa forma de riqueza eu possuía. A autoanálise foi ao mesmo tempo surpreendente e gratificante.

Comecei a fazê-la andando pela floresta. Eu queria ficar longe da multidão, do barulho da cidade, das perturbações da civilização e dos medos alheios, para meditar em silêncio.

Ah, quanta gratificação há na palavra "silêncio"!

A chave mestra das riquezas

Nessa jornada, peguei uma bolota e a segurei na palma da mão. Eu a encontrei perto das raízes do gigantesco carvalho do qual caíra. Tentei calcular a idade da árvore. Para ser tão grande, já devia ser de bom tamanho quando George Washington, primeiro presidente dos Estados Unidos, era apenas um garotinho.

Enquanto eu estava lá olhando para o grande carvalho e seu fruto embriônico em minha mão, me dei conta de que a árvore havia surgido de uma pequena bolota. Também me dei conta de que nem toda a população deste planeta teria conseguido criar tal árvore.

Eu estava consciente de que alguma forma de inteligência intangível havia criado a bolota da qual a árvore surgira, e a fizera germinar e começar sua subida do solo.

Então percebi que os maiores poderes são os intangíveis, não aqueles que consistem em saldos bancários ou bens materiais.

Peguei um punhado de terra e cobri a bolota com ela. Segurei na mão a parte visível da sustância da qual aquela árvore magnífica se desenvolvera.

Na raiz do gigantesco carvalho, arranquei uma samambaia. Suas folhas eram lindamente desenhadas — sim, desenhadas —, e ao examinar a samambaia me dei conta de que tinha sido criada pela mesma inteligência que produzira o carvalho.

Continuei minha caminhada pela floresta até chegar a um riacho cristalino. Àquela altura, eu estava cansado e por isso me sentei perto do riacho para descansar e ouvir a música rítmica da correnteza, enquanto ele dançava em seu caminho de volta para o mar.

Fé aplicada

A experiência me trouxe lembranças de minha juventude, de ter brincado ao lado de um riacho parecido com aquele. Sentado ali, ouvindo a música da água, tornei-me consciente de um ser invisível — uma inteligência — que falava comigo de dentro e me contava a fascinante história da água, e esta é a história que me contou:

Água! Água pura e borbulhante. A mesma que presta seus serviços desde que este planeta esfriou e se tornou o lar da humanidade, dos animais e da vegetação.

Água! Ah, que história você poderia contar se falasse a minha língua. Você matou a sede de incontáveis milhões de viajantes, alimentou flores, se expandiu em vapor e girou rodas de máquinas, condensando-se e voltando à sua forma original. Você limpou esgotos, lavou calçadas, prestou inúmeros serviços aos seres humanos e aos animais, sempre voltando à sua fonte nos mares, onde se purificava e recomeçava sua jornada de serviço.

Quando você se move, viaja apenas em uma direção, na direção do mar de onde veio. Você está eternamente indo e vindo, mas sempre parece feliz em seu trabalho.

Água! Limpa, pura, cristalina. Não importa o trabalho sujo que faça, você se purifica quando termina.

Você não pode ser criada e tampouco destruída. Está ligada a toda vida. Sem sua benevolência não existiria nenhuma forma de vida neste planeta!

E a água do riacho seguiu, ondulante e risonha, seu caminho de volta para o mar.

A chave mestra das riquezas

A história da água terminou, mas eu tinha ouvido um ótimo sermão. Havia chegado perto da maior de todas as formas de inteligência. Senti a mesma inteligência que havia criado o grande carvalho a partir de uma diminuta bolota, a inteligência que havia criado as folhas da samambaia com uma habilidade estética e mecânica que nenhum ser humano poderia imitar.

As sombras das árvores estavam se tornando maiores, o dia estava terminando.

Enquanto o sol se punha lentamente no horizonte ocidental, eu me dei conta de que ele também tivera um papel naquele maravilhoso sermão que eu tinha ouvido.

Sem a ajuda benevolente do sol, não poderia haver nenhuma transformação da bolota em carvalho. Sem a ajuda do sol, a água cristalina do riacho teria permanecido eternamente aprisionada nos oceanos, e a vida neste planeta poderia nunca ter existido.

Esses pensamentos foram um belo clímax para o sermão que eu escutara, pensamentos sobre a afinidade romântica entre o sol, a água e toda a vida neste planeta. Comparada com a qual todas as outras formas de romance pareciam sem importância.

Peguei um pequeno seixo branco que tinha sido perfeitamente polido pelas águas do riacho. Ao segurá-lo em minhas mãos ouvi, de dentro, um sermão ainda mais impressionante. A inteligência que o transmitiu para a minha mente pareceu dizer:

Fé aplicada

Contemple, mortal, um milagre que segura em suas mãos.

Eu sou apenas um pequeno seixo, mas na realidade sou um pequeno universo onde existe tudo o que pode ser encontrado na parte mais expandida do universo que você vê entre as estrelas.

Pareço morto e inerte, mas as aparências enganam. Sou feito de moléculas. Dentro delas há miríades de átomos, cada qual um pequeno universo em si. Dentro dos átomos há inúmeros elétrons que se movem em uma velocidade inconcebível.

Não sou uma massa de pedra morta, mas um grupo organizado de unidades de energia incessante.

Pareço uma massa sólida, mas a aparência é uma ilusão, porque meus elétrons são separados uns dos outros por uma distância maior do que sua massa.

Estude-me cuidadosamente, humilde viajante terreno, e lembre-se de que os valores da vida são aqueles que não podem ser acrescentados a extratos bancários.

A ideia transmitida por aquele clímax foi tão iluminadora que me deixou fascinado, porque reconheci que eu tinha nas mãos uma porção ínfima da energia que mantém o sol, as estrelas e o planeta em que vivemos há tão pouco tempo em seus respectivos lugares em relação uns aos outros.

A meditação me mostrou a bela realidade de que há lei e ordem até mesmo nos confins de um pequeno seixo. Reconheci que dentro da massa daquele seixo se combinavam o romance e a

A chave mestra das riquezas

realidade da natureza. Reconheci que dentro daquele pequeno seixo a realidade transcendia a fantasia.

Eu nunca havia sentido tão intensamente a importância da evidência da lei natural, e a ordem e o objetivo que se revelam em tudo que a mente humana pode perceber. Nunca havia me sentido tão perto da fonte de minha Fé na inteligência infinita.

Essa foi uma bela experiência, lá fora, no meio da família da Mãe Natureza de árvores e riachos, onde a própria calma do ambiente fez minha alma cansada se aquietar e descansar um pouco para que eu pudesse olhar, sentir e ouvir a Inteligência Infinita me contando a história de sua própria realidade.

Nunca, em toda a minha vida, eu havia sido tão profundamente consciente da real evidência da Inteligência Infinita, ou da fonte de minha Fé.

Fiquei nesse recém-descoberto paraíso até a Estrela da Noite começar a cintilar; então, relutantemente, refiz meus passos de volta para a cidade, para me juntar de novo aos que, como escravizados em galés, são movidos pelas regras inexoráveis da civilização, em uma batalha louca para acumular coisas materiais de que não precisam.

Agora estou de volta ao meu escritório, com meus livros e minha máquina de escrever, registrando a história da minha experiência. Mas sou dominado por um sentimento de solidão e ânsia de estar lá fora, ao lado daquele amigável riacho onde, apenas algumas horas antes, havia banhado minha alma nas agradáveis realidades da inteligência infinita.

Fé aplicada

Eu sei que minha Fé na Inteligência Infinita é real e permanente. Não é uma Fé cega, mas baseada em uma observação atenta da obra da inteligência infinita, e de como ela é expressa na ordem do universo.

Estava procurando a fonte da minha Fé nos lugares errados. Procurava-a em atos e relacionamentos humanos, extratos bancários e bens materiais.

Eu a encontrei numa pequena bolota, num carvalho gigante, num pequeno seixo, nas folhas de uma simples samambaia e no solo da terra; no sol amigável que aquece a terra e movimenta as águas, na Estrela da Noite, no silêncio e na tranquilidade da vida ao ar livre.

Sou levado a acreditar que a inteligência infinita se revela mais prontamente no silêncio do que na turbulência da luta das pessoas em sua louca corrida para acumular bens materiais.

Minha conta bancária desapareceu e meu banco faliu, mas sou mais rico do que a maioria dos milionários porque descobri uma abordagem direta da Fé. Apoiado por essa força, posso acumular outros saldos bancários suficientes para minhas necessidades.

Não; eu sou mais rico do que a maioria dos milionários porque dependo de uma fonte de poder inspirador que se revela para mim de dentro, enquanto muitos dos mais ricos dependem de saldos bancários e cotações de ações para estímulo e poder.

Minha fonte de poder é livre feito o ar que respiro, e igualmente inesgotável! Para usá-la, basta recorrer à minha Fé, e isso eu tenho em abundância.

A chave mestra das riquezas

Assim, mais uma vez aprendi a verdade de que todas as adversidades carregam a semente de um benefício equivalente. Minha adversidade me custou meu saldo bancário. Em compensação, me revelou os meios de obter todas as riquezas!

O orador parou de ler e olhou fixamente para a audiência.

Nas próprias palavras dele vocês têm a história de um homem que descobriu como condicionar sua mente para a expressão da Fé.

E que história comovente! Comovente em sua simplicidade.

Eis um homem que encontrou uma base sólida para uma Fé duradoura, não em saldos bancários ou riquezas materiais, mas na semente de um carvalho, nas folhas de uma samambaia, num pequeno seixo e num riacho, coisas que todos podem observar e apreciar.

Mas sua observação dessas coisas simples o levou a reconhecer que os maiores poderes são os intangíveis, revelados por meio de coisas simples ao nosso redor.

Contei a história desse homem porque queria enfatizar o modo pelo qual podemos limpar a mente, mesmo em meio ao caos e a insuperáveis dificuldades, e prepará-la para a expressão da Fé.

O fato mais importante que essa história revela é que quando a mente é limpa de uma atitude mental negativa o poder da Fé entra e começa a dominá-la!

Certamente nenhum estudante dessa filosofia será desafortunado o bastante para deixar escapar essa importante observação.

Fé aplicada

Uma análise da Fé

Agora faremos uma análise da Fé, embora devamos abordar esse tema com um total reconhecimento de que a Fé é um poder que tem desafiado a análise de todo o mundo científico.

A Fé ficou em quarto lugar nessa filosofia porque chega perto de representar a "quarta dimensão", embora seja apresentada aqui por sua relação com a realização pessoal.

A Fé é um estado mental que poderia ser adequadamente chamado de "mola mestra da alma" que possibilita que objetivos, desejos e propósitos se manifestem em seus equivalentes físicos ou financeiros.

Anteriormente, observamos que podemos obter grande poder pela aplicação (1) do hábito de Fazer um Esforço a Mais, (2) da Definição de Objetivo e (3) do Master Mind. Mas esse poder é fraco quando comparado à junção dos três conceitos apresentados ao estado mental conhecido como Fé.

Já observamos que a capacidade de ter fé é uma das Doze Riquezas. Agora vamos reconhecer os meios pelos quais essa "capacidade" pode ser exercida com aquele estranho poder que tem sido o principal baluarte da civilização, a principal causa de todo o progresso humano, o espírito que orientado todos os empreendimentos humanos construtivos.

No início desta análise, vamos nos lembrar de que a Fé é um estado mental que só pode ser atingido por aqueles que aprenderam a arte de assumir o pleno e total controle de sua mente.

A Fé só manifesta seus poderes por meio da mente que está preparada para ela. Mas o modo de preparação é conhecido e pode ser obtido por todos que desejam encontrá-lo.

A chave mestra das riquezas

Os princípios fundamentais da Fé são:

1. Definição de Objetivo apoiada por iniciativa pessoal ou ação.

2. O hábito de Fazer um Esforço a Mais em todos os relacionamentos humanos.

3. Uma aliança Master Mind com uma ou mais pessoas que irradiam coragem baseadas na Fé, e que sejam adequadas espiritual e mentalmente às necessidades do indivíduo para a realização de um determinado objetivo.

4. Uma mente positiva, livre de tudo o que é negativo, como medo, inveja, ganância, ódio, ciúme e superstição. (A atitude mental positiva é a primeira e mais importante das Doze Riquezas.)

5. Reconhecimento da verdade de que toda adversidade carrega a semente de um benefício equivalente; de que derrota temporária não é fracasso até ser aceita como tal.

6. O hábito de afirmar o Objetivo Principal Definido na vida, em uma cerimônia de meditação, pelo menos uma vez por dia.

7. Reconhecimento da existência da Inteligência Infinita que proporciona ordem ao universo, de que todos os indivíduos são minúsculas expressões dessa Inteligência, e por isso a mente individual não tem limitações, exceto as que aceitas e estabelecidas pelo próprio indivíduo.

8. Um cuidadoso inventário (em retrospectiva) das derrotas e adversidades passadas, que revelará a verdade de que todas

Fé aplicada

essas experiências carregam a semente de um benefício equivalente.

9. Amor-próprio expressado por meio de harmonia com a própria consciência.

10. Reconhecimento da união de toda a humanidade.

Esses são os princípios fundamentais mais importantes que preparam a mente para a expressão da Fé. Sua aplicação não exige nenhum grau de superioridade, mas requer inteligência e uma grande sede de verdade e justiça.

A Fé só se confraterniza com a mente que é positiva!

A Fé é o "impulso vital" que dá poder, inspiração e ação para a mente positiva. É o poder que faz a mente positiva agir como um ímã, atraindo a exata contrapartida física do pensamento que expressa.

A Fé dá desenvoltura à mente, permitindo-lhe fazer "tudo o que cair na rede ser peixe". Reconhece oportunidades favoráveis, em todas as circunstâncias da vida da pessoa em que ela pode alcançar o objeto de Fé, chegando ao ponto de fornecer os meios pelos quais o fracasso e a derrota podem ser convertidos em sucesso de dimensões equivalentes.

A Fé permite a todos os seres humanos ir fundo nos segredos da natureza e entender a linguagem dela expressada em todas as leis naturais.

Desse tipo de revelação vieram todas as grandes invenções úteis para a humanidade, e uma melhor compreensão do caminho para a liberdade humana por meio da harmonia nos relacionamentos humanos.

A chave mestra das riquezas

A Fé torna possível obter tudo que qualquer pessoa possa conceber e acreditar!

Se você deseja ter Fé, mantenha sua mente concentrada naquilo que deseja. E lembre que não existe "fé geral", porque **a fé é a manifestação exterior da Definição de Objetivo!**

Fé é orientação interior. A força orientadora é a inteligência infinita dirigida a fins definidos. Ela não só nos trará o que desejamos, como nos guiará para a conquista do objeto de desejo.

Como demonstrar o poder da Fé

1. Saiba o que você quer e determine o que tem para dar em troca.

2. Quando afirmar os objetos de seus desejos, por meio de oração, inspire sua imaginação para já se ver em posse deles, e aja exatamente como se estivesse em posse física deles. (Lembre que a posse de qualquer coisa ocorre primeiro mentalmente.)

3. Mantenha, o tempo todo, a mente aberta a uma orientação interior, e quando for inspirado por "pressentimentos" a mudar seus planos ou executar um novo plano, mova-se sem hesitação ou dúvida.

4. Quando sofrer uma derrota temporária, o que pode acontecer algumas vezes, lembre que a Fé é testada de muitos modos, e essa derrota pode ser apenas um de seus "períodos de teste". Portanto, aceite-a como uma inspiração para mais esforço e continue a acreditar que será bem-sucedido.

Fé aplicada

5. Um estado mental negativo acabará com a capacidade de ter Fé e resultará em um clímax negativo de qualquer afirmação que você possa expressar. Seu estado mental é tudo, portanto tome posse de sua mente e limpe-a por completo de todos os intrusos hostis à Fé. E a mantenha limpa, não importa quantos esforços isso possa custar.

6. Aprenda a dar expressão ao poder de sua Fé escrevendo uma clara descrição de seu Objetivo Principal Definido na vida e usando-a como a base de sua meditação diária.

7. Associe ao seu Objetivo Principal Definido o máximo possível dos nove motivos básicos anteriormente descritos.

8. Faça uma lista de todos os benefícios e todas as vantagens que você espera obter da realização de seu Objetivo Principal Definido e traga-os à mente muitas vezes por dia, tornando-a "consciente do sucesso". (Isso é comumente chamado de autossugestão.)

9. Associe-se o máximo que puder a pessoas que aprovam seu Objetivo Principal Definido, aquelas que estão em harmonia com você, e inspire-as a encorajá-lo de todos os modos possíveis.

10. Não deixe que se passe um só dia sem que você faça pelo menos um movimento na direção da realização de seu Objetivo Principal Definido. Lembre-se de que "fé sem obras é morta".

A chave mestra das riquezas

11. Escolha alguém próspero, autoconfiante e corajoso como seu "puxador de ritmo" e decida não só acompanhar essa pessoa como também ultrapassá-la. Faça isso silenciosamente, sem mencionar seu plano para ninguém. (Presunção será fatal para seu sucesso, porque Fé não tem nada em comum com vaidade ou narcisismo.)

12. Cerque-se de livros, quadros, lemas e outros lembretes de autoconfiança baseados na Fé demonstrada por outras pessoas. Dessa maneira, você criará ao seu redor uma atmosfera de prosperidade e realização. Esse hábito trará resultados incríveis.

13. Adote a política de nunca ignorar circunstâncias desagradáveis ou fugir delas, mas de reconhecê-las e lançar um contra-ataque quando elas surgirem. Você descobrirá que reconhecê-las, sem temer suas consequências, é noventa por cento da batalha para vencê-las.

14. Reconheça a verdade de que tudo que vale a pena tem um preço definido. O preço da Fé é, entre outras coisas, a eterna vigilância ao seguir essas instruções simples. Seu lema deve ser *persistência*!

Esses são os passos que levam ao desenvolvimento e à preservação de uma atitude mental positiva, a única que a Fé habitará. São os passos que levam a riquezas tanto na mente e no espírito quanto na carteira. Encha sua mente com esse tipo de alimento mental.

Esses são os passos pelos quais a mente pode ser preparada para as mais elevadas expressões da alma.

Fé aplicada

"A chave de todo ser humano é seu pensamento", disse Emerson.

Isso é verdade. Toda pessoa de hoje é o resultado de seus pensamentos de ontem!

Na manhã seguinte a um grande incêndio em Chicago, que destruiu a área comercial da cidade, Marshall Field foi até o local onde ficava sua loja de varejo.

Por toda parte havia grupos de outros comerciantes cujas lojas também tinham sido destruídas. Ele ouviu suas conversas e soube que haviam perdido a esperança e muitos já tinham decidido tentar um recomeço em outra região.

Chamando os grupos mais próximos, o Sr. Field disse: "Cavalheiros, façam o que quiserem, mas quanto a mim pretendo ficar bem aqui. Ali, onde vocês estão vendo os restos fumegantes do que um dia foi minha loja, será construída a maior loja de varejo do mundo."

A loja que o Sr. Field construiu com Fé permanece até hoje naquele local, em Chicago. Foi há muito reconhecida em todo o mundo como a maior loja de varejo do planeta.

Esses líderes e outros como eles foram os pioneiros que criaram o estilo de vida norte-americano.

O progresso humano não é uma questão de acaso ou sorte!

É o resultado de Fé aplicada, expressada por aqueles que condicionaram sua mente, por meio dos 17 princípios desta filosofia, para a expressão da Fé.

Os Estados Unidos são uma nação fundada com Fé e mantida com Fé. Além disso, fornecem todo o básico que inspira a Fé, de modo que o cidadão mais humilde possa realizar as ambições mais elevadas do coração e da alma.

A chave mestra das riquezas

Por isso, são justamente conhecidos com uma "terra de oportunidades" e a nação mais rica do mundo!

E toda liberdade e riqueza têm suas origens em uma Fé persistente.

Embora a Fé seja o poder que desafia a análise de cientistas, o procedimento pelo qual ela pode ser aplicada é simples e está dentro da compreensão dos mais humildes, e assim é um bem comum a todos. Tudo que é conhecido desse procedimento foi simplesmente afirmado, e nem um só passo dele está além do alcance da pessoa mais humilde.

A importância de uma atitude mental positiva

A Fé começa com a Definição de Objetivo em uma mente preparada para ela pelo desenvolvimento de uma atitude mental positiva. A Fé atinge seu maior escopo de poder por meio da ação física direcionada à realização de um objetivo definido.

Toda ação física voluntária é inspirada por um ou mais dos nove motivos básicos. Não é difícil que uma pessoa desenvolva Fé em conexão com a busca de seus desejos.

Deixem alguém ser motivado pelo amor e vejam quão rapidamente essa emoção promove a ação por meio da Fé. E logo se segue a ação de buscar o alvo desse amor. A ação se torna um trabalho de amor, que é uma das Doze Riquezas.

Deixem alguém ansiar por acumular riquezas materiais e vejam quão rapidamente cada esforço se torna um trabalho de amor. As horas do dia não são suficientes para as necessidades de pessoas assim; e embora elas trabalhem muito, a fadiga é diminuída pela alegria da autoexpressão, que é outra das Doze Riquezas.

Fé aplicada

Dessa maneira, uma a uma as resistências da vida são reduzidas a nada por quem preparou sua mente para a autoexpressão por meio da Fé. O sucesso se torna inevitável. A alegria coroa todos os esforços. Não há tempo ou inclinação para o ódio. A harmonia nos relacionamentos humanos vem naturalmente. A esperança de realização é alta e contínua para quem já está em posse de um Objetivo Definido. A tolerância foi suplantada por uma mente aberta.

E a autodisciplina se torna tão natural quanto comer. Esse indivíduo compreende as pessoas porque as ama, e por esse amor está disposto a compartilhar bênçãos. Não conhece o medo, porque todos os temores foram afastados pela Fé. É assim que são obtidas as Doze Riquezas!

A Fé é uma expressão de gratidão pelo relacionamento do ser humano com o Criador. O medo é um reconhecimento das influências do mal e indica a falta de crença no Criador.

A maior das riquezas da vida consiste na compreensão dos quatro princípios que mencionei. Esses princípios são conhecidos como os "Grandes Quatro" dessa filosofia, porque são os sustentáculos e principais alicerces da Chave Mestra para o poder do pensamento e os segredos interiores da alma. Usem essa Chave Mestra sabiamente e vocês serão livres!

Alguns para quem a Chave Mestra foi revelada

"Quantos podem explorar esse poder secreto que vem de dentro?", alguns vão perguntar. Vejamos como outras pessoas o usaram.

A chave mestra das riquezas

Um jovem clérigo chamado Frank Gunsaulus havia muito desejava criar um novo tipo de universidade. Ele sabia exatamente o que queria, mas para isso precisava de um milhão de dólares em dinheiro.

Gunsaulus decidiu obter essa quantia! A tomada de decisão, baseada na definição de objetivo, foi o primeiro passo de seu plano.

Então, ele escreveu um sermão intitulado "O que eu faria com um milhão de dólares!" e anunciou nos jornais que pregaria sobre o tema na manhã do domingo seguinte.

No fim do sermão, um homem que o jovem pregador nunca tinha visto se levantou, foi até o púlpito, estendeu-lhe a mão e disse: "Gostei do seu sermão, e pode ir ao meu escritório amanhã de manhã que eu lhe darei o milhão de dólares que deseja."

O homem era Philip D'Armour, fundador da empresa de processamento de alimentos Armour & Company. Sua doação foi o início da Armour School of Technology, uma das grandes universidades dos Estados Unidos.

O que passou pela cabeça do jovem pregador que lhe permitiu entrar em contato com o poder secreto disponível na mente dos seres humanos é algo que só podemos conjecturar, mas o *modus operandi* pelo qual esse poder foi estimulado foi a Fé Aplicada!

Logo após seu nascimento, Helen Keller foi acometida por uma doença que a deixou cega e surda. Com dois sentidos perdidos para sempre, ela enfrentou dificuldades na vida que a maioria das pessoas nunca enfrentaria.

Fé aplicada

Com a ajuda de uma mulher bondosa que reconheceu a existência daquele poder interno secreto, Helen Keller começou a descobrir e usar esse poder. Em suas próprias palavras, ela dá uma pista definitiva de uma das condições sob as quais o poder pode ser revelado. Ela disse:

> A fé, quando bem compreendida, é ativa, não passiva! A fé passiva não tem mais poder do que a visão em um olho que não enxerga. A fé ativa não conhece nenhum medo. Nega que Deus tenha traído suas criaturas e entregue o mundo à escuridão. Nega o desespero. Fortalecido pela fé, o mais fraco dos mortais é mais poderoso do que o desastre.

A fé, apoiada pela ação, foi o instrumento com que Helen Keller superou sua atribulação para ser reconduzida a uma vida útil.

Por meio da Fé Aplicada, ela aprendeu a falar. Por meio de sua fé, usou o sentido do tato para realizar o trabalho da audição e da visão, provando assim que não importa quão grandes possam ser as desvantagens físicas, sempre há um modo de eliminá-las ou superá-las.

O caminho pode ser encontrado graças àquele poder mental secreto que só pode ser descoberto por cada um de nós. Voltem as páginas da história e vocês descobrirão que o início da civilização remete inevitavelmente a obras de pessoas que abriram a porta para aquele poder secreto, com fé aplicada como a chave mestra! Observem também que as grandes realizações sempre surgem da dificuldade, luta e barreiras que parecem intransponíveis — obstáculos que não produzem nada além de uma vontade indomável apoiada por uma fé inabalável!

A chave mestra das riquezas

E aqui, em uma curta frase — vontade indomável apoiada por uma fé inabalável — vocês têm a abordagem mais importante que leva à descoberta da porta da mente, atrás da qual o poder secreto está escondido.

Aqueles que encontram esse poder secreto e o usam para solucionar problemas pessoais às vezes são chamados de "sonhadores"! Mas observem que eles apoiam seus sonhos com ação, provando assim a solidez da afirmação de Helen Keller de que "a fé, quando bem compreendida, é ativa, não passiva".

Um símbolo internacional de fé

Uma das estranhas características da "fé bem compreendida" é que ela geralmente surge de alguma emergência que força as pessoas a olharem para além do poder do pensamento comum em busca da solução para seus problemas.

É nessas emergências que recorremos àquele poder secreto que não conhece nada forte o bastante para vencê-lo.

Veja o extraordinário exemplo da líder do movimento pró--democracia de Mianmar (antiga Birmânia), Aung San Suu Kyi, que se envolveu na política de seu país. Acredita-se que seu pai, Aung San, tenha sido o fundador da Birmânia moderna e assassinado em um golpe político quando Suu Kyi tinha 2 anos. Mais tarde, ela deixou o país para estudar no exterior.

Somente quando terminou a universidade, em Oxford, casou-se com um inglês e teve filhos, Suu Kyi voltou para casa e encontrou a Birmânia caótica, inundada por corrupção política. Ela começou a falar a favor da democracia e da não violência e atraiu muitos seguidores. Logo, o governo, ameaçado por

Fé aplicada

sua popularidade e furioso com a vitória do partido político de Suu Kyi em uma eleição nacional democrática, colocou-a em prisão domiciliar. Ela foi proibida de ver qualquer membro da família ou amigos.

Foi a fé que impediu Suu Kyi de desistir de suas crenças ou ceder às exigências do governo ditatorial, até ganhar o Prêmio Nobel da Paz por sua coragem. Naquele momento o mundo soube da luta de Suu Kyi pelos direitos civis, e foi esse amplo reconhecimento mundial que a protegeu de mais danos por parte da junta militar que governava a região. Durante muitos anos, Suu Kyi entrou e saiu da prisão domiciliar. Há rumores constantes de que logo será solta e a democracia será reinstalada.

Fé em risco é fé passiva que, como disse Helen Keller, "não tem mais poder do que a visão em um olho que não enxerga".

E vamos examinar os registros de alguns dos grandes líderes. Eles também descobriram o poder secreto, recorreram a ele, aplicaram-no e transformaram uma vasta região despovoada no "berço da democracia".

Escolhendo o caminho da Fé, não do Medo

Todos sabemos das realizações desses grandes líderes; conhecemos as regras de suas lideranças e reconhecemos a natureza e o escopo das bênçãos que seus trabalhos foram para o povo dos Estados Unidos. E, graças à visão de Andrew Carnegie, preservamos a filosofia de realização individual com que esses líderes ajudaram a manter esse país o mais rico e livre do mundo.

Mas infelizmente nem todos reconhecem as limitações com que eles trabalharam, os obstáculos que tiveram que superar e

A chave mestra das riquezas

o espírito de fé ativa com que realizaram seus trabalhos. Contudo, disto podemos ter certeza: suas conquistas se deram na exata proporção das emergências que tiveram que contornar! Eles enfrentaram a oposição das pessoas destinadas a se beneficiar mais com seus esforços, pessoas que, em virtude de sua falta de fé ativa, sempre viram com ceticismo e desconfiança o novo e desconhecido.

As experiências da vida frequentemente levam as pessoas a encruzilhadas, onde são forçadas a escolher seu rumo — um caminho da Fé e outro do Medo! A escolha depende da atitude mental!

Quem escolhe o caminho da Fé condiciona pouco a pouco a mente a crer, tomando decisões rápidas e corajosas sobre detalhes das experiências diárias. Os que escolhem o caminho do Medo não condicionam a mente a ser positiva.

Em Washington, um homem estava sentado em uma cadeira de rodas com um copo de estanho e um punhado de lápis nas mãos, ganhando uma vida precária em situação de rua. A justificativa para isso é que ele tinha perdido o movimento das pernas. Seu cérebro não foi afetado. De resto, ele era forte e saudável. Mas sua condição o levou a aceitar o caminho do Medo quando foi acometido por uma temida doença, enquanto sua mente se atrofiava pelo desuso.

Em outra parte da mesma cidade, estava outro homem com a mesma deficiência. Ele também havia perdido o uso das pernas, mas sua reação foi muito diferente. Quando chegou à encruzilhada em que foi forçado a fazer uma escolha, partiu para o caminho da Fé, e isso o levou direto para a Casa Branca e ao mais alto cargo ao alcance do povo norte-americano.

Fé aplicada

Estou falando, é óbvio, de Franklin Delano Roosevelt. O que ele perdeu com a deficiência de seus membros, ganhou com o uso do cérebro e com a vontade. Vale registrar que sua deficiência física de modo algum o impediu de ser o homem mais ativo que já ocupou o cargo de presidente.

A diferença entre as posições desses dois homens era enorme. Mas não se engane quanto à causa dessa diferença, porque é exclusivamente uma diferença de atitude mental. Um homem escolheu o Medo como seu guia. O outro escolheu a Fé.

E quando você pensa nas circunstâncias que erguem alguns a altas posições na vida e condenam outros a viver empobrecidos, é possível que aqueles que escolhem posições totalmente opostas reflitam suas respectivas atitudes mentais. Os que progridem escolhem o caminho elevado da Fé, enquanto os outros escolhem o caminho baixo do Medo, considerando a educação, a experiência e a habilidade pessoal questões de importância secundária.

Quando o professor de Thomas A. Edison o mandou da escola para casa no fim do primeiro trimestre com um bilhete para seus pais dizendo que ele tinha uma mente "confusa" e era incapaz de aprender, Edison teve a melhor das desculpas para se tornar um proscrito, preguiçoso, um joão-ninguém, e foi exatamente isso que ele se tornou por um tempo. Fez bicos, vendeu jornais, consertou coisas e mexeu em produtos químicos até se tornar o que é comumente conhecido como um faz-tudo, sem se tornar realmente muito bom em nada.

Então, algo ocorreu na mente de Edison que tornou seu nome imortal. Por meio de algum estranho processo que ele nunca revelou totalmente ao mundo, Edison descobriu o poder secreto,

A chave mestra das riquezas

apossou-se dele e o organizou. Subitamente, em vez de ser um homem com um cérebro "confuso", tornou-se um dos maiores gênios da inovação de todos os tempos.

E agora, sempre que vemos uma lâmpada elétrica, ouvimos música gravada ou assistimos a um filme, deveríamos nos lembrar de que estamos observando o produto daquele poder secreto que está tão disponível para nós quanto estava para o grande Edison. Além disso, deveríamos nos sentir muito envergonhados se, por negligência ou indiferença, não estivermos utilizando de maneira apropriada esse grande poder.

Uma das estranhas características desse poder secreto é que ele ajuda as pessoas a procurar aquilo que desejem, o que é outro modo de dizer que traduz em realidade seus pensamentos dominantes.

Esse pensamento pode ser estendido a todas as profissões e todos os empreendimentos humanos. Em todas as áreas há alguns que chegam ao topo enquanto outros ao seu redor nunca passam da mediocridade.

Os bem-sucedidos geralmente são chamados de "sortudos". Com certeza eles são! Mas informem-se sobre os fatos e vocês descobrirão que essa "sorte" consiste no poder secreto, que eles aplicaram com uma atitude mental positiva, uma determinação de seguir o caminho da Fé em vez de o caminho do Medo e da autolimitação.

Esse poder secreto não reconhece nenhuma realidade como barreiras permanentes.

Ele transforma a derrota em um grande desafio para um esforço maior.

Fé aplicada

Ele remove limitações autoimpostas, como medo e dúvida.

E, acima de tudo, lembremo-nos de que ele não deixa marcas negativas em ninguém que não possam ser apagadas.

Se conduzido pelo poder que vem de dentro, cada dia traz uma nova oportunidade de realização pessoal que não precisa de modo algum carregar o fardo da véspera.

Esse poder não favorece nenhuma raça ou crença e não está vinculado a nenhum tipo de conformidade arbitrária que obrigue alguém a permanecer vivendo com parcos recursos materiais porque nasceu assim. O poder que vem de dentro é o meio pelo qual os efeitos da Força Cósmica do Hábito podem ser imediatamente mudados de uma aplicação negativa para uma positiva. Não reconhece nenhum precedente, não segue nenhuma regra rígida e inalterável e oferece o único grande caminho para a liberdade pessoal e a autonomia.

Esse poder foi a inspiração do poeta R. L. Sharpe, que escreveu em seu poema "A Bag of Tools" [em tradução livre, "Uma bolsa de ferramentas"]:

> Não é estranho que príncipes e reis
> E palhaços que dão cambalhotas em picadeiros de serragem;
> E pessoas comuns, como você e eu,
> Sejam construtores da eternidade?
>
> (...)
>
> A cada um é dado um livro de regras,
> Um bloco de pedra e uma bolsa de ferramentas;
> E cada um deve criar, antes que o tempo voe
> Uma pedra de tropeço ou um degrau.

A chave mestra das riquezas

Pesquisem até encontrar o ponto de abordagem desse poder que vem de dentro, e quando encontrá-lo, verão que encontraram seu verdadeiro eu — aquele "outro eu" que aproveita todas as experiências da vida.

Então, se construírem uma ratoeira melhor, escreverem um livro melhor ou fizerem um sermão melhor, o mundo irá até sua porta, reconhecerá e recompensará vocês adequadamente, não importa quem sejam ou a natureza e o tamanho de seus fracassos do passado.

E daí que vocês fracassaram no passado?

Edison, Henry Ford, os irmãos Wright, Andrew Carnegie e todos os outros grandes líderes que ajudaram a estabelecer o estilo de vida norte-americano também fracassaram. Todos conheceram o fracasso de um modo ou de outro, mas eles não lhe deram esse nome — eles o chamaram de "derrota temporária".

Qualquer um pode desistir quando as coisas estão difíceis!

Qualquer um pode lamentar uma derrota temporária sofrida, mas resignar-se não fazia parte do caráter daqueles que o mundo reconheceu como grandes.

A abordagem desse poder que vem de dentro não pode ser feita por autopiedade. Não pode ser feita por medo e timidez. Não pode ser feita por inveja e ódio. Não pode ser feita por avareza e ganância.

Não; seu "outro eu" não dá atenção a nenhum desses sentimentos negativos. Ele só se manifesta por meio da mente livre de todas as atitudes mentais negativas. Ele floresce na mente guiada pela fé!

Não é de uma nova filosofia de realização que o mundo precisa! É de uma nova dedicação aos velhos e testados princí-

Fé aplicada

pios que levaram inequivocamente à descoberta do poder que vem de dentro e que "move montanhas".

Esse poder, que produziu grandes líderes em todas as esferas da vida e todas as gerações, ainda está disponível. Aqueles com visão e fé, que empurraram para trás todas as fronteiras da ignorância, da superstição e do medo, deram ao mundo tudo o que conhecemos como civilização.

O poder não é envolto em nenhum mistério e não opera nenhum milagre, mas funciona por meio das ações diárias de todos nós e se reflete em cada forma de serviço prestado à humanidade.

Ele recebe muitos nomes, mas sua natureza nunca muda, não importa como seja chamado. Esse poder só funciona por um meio, que é a mente. Ele se expressa em pensamentos, ideias, planos e objetivos, e o que há de mais grandioso a ser dito sobre ele é que é livre como o ar que respiramos e grande como a extensão e o espaço do universo.

CAPÍTULO DEZ

A lei da Força Cósmica do Hábito

"O hábito é um cabo; tecemos um fio dele a cada dia,
até que finalmente não podemos quebrá-lo."

— *Horace Mann*

No último dia da conferência, foi solicitado aos participantes que chegassem cedo. O distinto cavalheiro (eles nunca realmente souberam seu nome) prometeu que a palestra daquele dia seria mais importante para eles do que tudo o que havia sido dito anteriormente. Muitos acharam difícil acreditar nisso e, tendo feito cuidadosas anotações durante a semana inteira, tentavam descobrir o tema do dia baseados nas palestras anteriores. A maioria estava certa de que o orador finalmente desvendaria a misteriosa "Chave Mestra" que mencionara durante toda a semana.

Eles encheram lentamente o auditório, muitos deles porque ainda era cedo demais para mostrarem grande entusiasmo. Ao se sentarem, notaram um cartaz colorido apoiado em um cava-

lete perto da tribuna. Era uma imagem do Universo, e alguns se perguntaram se a lição seria científica. Contudo, quando o cavalheiro apareceu e começou a falar, todas as dúvidas se dissiparam.

Hoje venho para a análise da maior de todas as leis da natureza, a lei da Força Cósmica do Hábito!

Em resumo, a lei da Força Cósmica do Hábito é um método de fixação de todos os hábitos, para que se tornem automáticos quando postos em ação — os hábitos dos seres humanos são os mesmos hábitos do universo.

Todas as pessoas estão onde estão e são o que são por causa de seus hábitos estabelecidos de pensamento e ação. O objetivo de toda essa filosofia é ajudar as pessoas a estabelecer os tipos de hábito que as levarão de onde estão para onde desejam ir na vida.

Todos os cientistas, e muitos leigos, sabem que a natureza mantém um equilíbrio perfeito entre os elementos da matéria e energia em todo o universo; que todo o universo é operado por um inexorável sistema de ordenamento e hábitos que nunca variam e não podem ser alterados por nenhuma forma de esforço humano; que as cinco realidades conhecidas do universo são (1) tempo, (2) espaço, (3) energia, (4) matéria e (5) inteligência, que moldam as outras realidades conhecidas em um padrão de ordenamento e um sistema baseado em hábitos fixos.

Essas são as bases da natureza com as quais ela cria um grão de areia, as maiores estrelas que flutuam no espaço e todas as outras coisas conhecidas pelos seres humanos, ou que a mente humana pode conceber.

Essas são as realidades conhecidas, mas nem todos têm dedicado tempo ou atenção para aprender que a Força Cósmi-

A lei da Força Cósmica do Hábito

ca do Hábito é a aplicação particular de energia com que a natureza mantém a relação entre átomos e matéria, as estrelas e os planetas em seu incessante movimento na direção de um destino desconhecido, as estações do ano, a noite e o dia, a doença e a saúde e a vida e a morte. A Força Cósmica do Hábito é o meio pelo qual todos os hábitos e relacionamentos humanos são mantidos em vários graus de permanência e o pensamento é traduzido em seu equivalente físico em resposta aos desejos e objetivos individuais.

Mas essas são verdades que podem ser provadas, e chegará o momento em que as pessoas descobrirão a verdade irrefutável de que os seres humanos são apenas um instrumento com o qual os poderes mais elevados se projetam. Essa filosofia visa levar a essa importante descoberta e permitir o uso do conhecimento que revela, pondo as pessoas em harmonia com as forças invisíveis do universo que levam inevitavelmente ao sucesso.

O momento dessa descoberta deveria deixar a Chave Mestra para todas as riquezas ao fácil alcance do indivíduo!

A Força Cósmica do Hábito é o que controla a natureza mediante a qual todas as outras leis naturais são coordenadas, organizadas e operadas por meio de ordenamento e sistemas. Portanto, essa é a maior de todas as leis naturais.

Vemos as estrelas e os planetas se moverem com tanta precisão que os astrônomos podem predeterminar seu exato local e sua relação uns com os outros daqui vários anos. Vemos as estações do ano ir e vir com a pontualidade de um relógio. Sabemos que um carvalho cresce de uma bolota e um pinheiro cresce da semente de seu ancestral; que uma bolota nunca co-

A chave mestra das riquezas

mete um erro e produz um pinheiro, e tampouco uma semente de pinheiro produz um carvalho. Sabemos que nada jamais é produzido que não tenha suas origens em algo similar que o precedeu; que a natureza e os pensamentos de uma pessoa produzem frutos do seu tipo tão seguramente quanto o fogo produz fumaça.

A Força Cósmica do Hábito é o meio pelo qual todos os seres vivos são forçados a se tornar parte das influências do ambiente em que vivem e se movem. Assim, é evidente que o sucesso atrai mais sucesso e o fracasso atrai mais fracasso — uma verdade há muito conhecida, embora poucos tenham entendido o motivo desse estranho fenômeno.

Sabemos que uma pessoa que fracassou pode se tornar muito bem-sucedida em estreita associação com aqueles que pensam e agem em termos de sucesso, mas nem todos sabem que isso é verdade porque a lei da Força Cósmica do Hábito transmite a "consciência do sucesso" da mente da pessoa bem-sucedida para a mente da malsucedida estreitamente associada a ela na vida cotidiana.

Sempre que duas mentes entram em contato uma com a outra, nasce desse contato uma terceira mente que segue o padrão da mais forte entre elas. As pessoas mais bem-sucedidas reconhecem essa verdade e admitem francamente que seu sucesso começou com sua estreita associação com alguém cuja atitude mental positiva foi assimilada, consciente ou inconscientemente.

A Força Cósmica do Hábito é silenciosa e invisível, e não é percebida por nenhum dos cinco sentidos físicos. É por isso que não tem sido mais amplamente reconhecida, porque a

A lei da Força Cósmica do Hábito

maioria das pessoas não procura entender as forças intangíveis da natureza e tampouco se interessa por princípios abstratos. Contudo, essas forças intangíveis e abstrações representam os reais poderes do universo e são a base de tudo que é tangível e concreto, a fonte da tangibilidade e da concretude.

Entendam o princípio operante da Força Cósmica do Hábito e não terão nenhuma dificuldade em interpretar o ensaio de Ralph Waldo Emerson, "Compensação", porque ele estava interagindo com a lei da Força Cósmica do Hábito quando o escreveu.

Sir Isaac Newton também chegou perto do completo reconhecimento dessa lei quando descobriu a lei da gravidade. Se ele tivesse ido um pouco mais além, poderia ter ajudado a revelar a mesma lei que mantém nosso pequeno planeta no espaço e o relaciona sistematicamente com todos os outros planetas no tempo e no espaço; a mesma lei que relaciona os seres humanos uns com os outros e tudo entre si por meio dos hábitos de pensamento.

Uma descrição da "força do hábito"

O termo "força do hábito" é autoexplicativo. Essa é uma força que opera por meio de hábitos estabelecidos. E todos os seres vivos abaixo da inteligência humana se reproduzem e cumprem suas missões terrenas reagindo diretamente ao poder da Força Cósmica do Hábito com aquilo que chamamos de "instinto".

Somente os seres humanos têm o privilégio de escolher os hábitos de vida, que podem ser estabelecidos por padrões de pensamento — o único privilégio sobre o qual qualquer indivíduo tem o total direito de controle.

A chave mestra das riquezas

Os seres humanos podem pensar em termos das limitações autoimpostas do medo, da dúvida, da inveja, da ganância e da pobreza, e a Força Cósmica do Hábito traduzirá esses pensamentos em seu equivalente material. Ou podem pensar em termos de opulência e plenitude, e essa mesma lei traduzirá esses pensamentos em sua contrapartida física. Quanto a isso, podemos controlar nosso destino terreno em um grau surpreendente — simplesmente exercendo o privilégio de criar nossos próprios pensamentos. Mas quando esses pensamentos são criados em padrões definidos, eles então são comandados pela lei da Força Cósmica do Hábito e são transformados em hábitos permanentes, ficando assim a menos que sejam substituídos por padrões de pensamento diferentes e mais fortes.

Agora vamos considerar uma das verdades mais profundas de todas, o fato de que a maioria das pessoas que alcançam os níveis mais elevados de sucesso raramente o fazem até enfrentarem uma tragédia ou emergência que repercutiu fundo em sua alma e as reduziu àquela condição de vida a que chamamos de "fracasso".

A razão desse estranho fenômeno é prontamente reconhecida por aqueles que entendem a lei da Força Cósmica do Hábito, porque consiste no fato de que essas calamidades e tragédias da vida servem para quebrar hábitos estabelecidos — hábitos que acabaram levando aos inevitáveis resultados do fracasso —, e desse modo se libertam da Força Cósmica do Hábito e deixam esses "fracassos" criarem hábitos novos e melhores.

Vemos o mesmo fenômeno nos resultados da guerra. Quando nações ou grandes grupos de pessoas se relacionam de um modo tal que seus esforços não se harmonizam com o plano

A lei da Força Cósmica do Hábito

divino da natureza, elas são forçadas a quebrar seus hábitos, pela guerra ou outras circunstâncias igualmente perturbadoras, como depressão econômica ou epidemias, para que haja um recomeço mais de acordo com o plano geral ou final da natureza.

Essa conclusão não pretende oferecer uma justificativa para a guerra, mas servir como uma denúncia contra a humanidade por descumprir uma lei que, se fosse universalmente compreendida e respeitada, tornaria a guerra desnecessária e impossível!

Guerras surgem de desajustes em relacionamentos humanos. Esses desajustes resultam de pensamentos negativos que tomaram enormes proporções. O espírito de uma nação não é nada além da soma dos hábitos de pensamentos dominantes de seu povo.

E o mesmo vale para os indivíduos. Porque o espírito do indivíduo também é determinado por seus hábitos de pensamento dominantes. A maioria dos indivíduos está em guerra, de um modo ou de outro, durante toda a vida. Está em guerra com seus próprios pensamentos e emoções conflitantes. Está em guerra em seus relacionamentos familiares, profissionais e sociais.

Reconheçam essa verdade e vocês entenderão o verdadeiro poder e os benefícios disponíveis para quem vive segundo a Regra de Ouro, porque essa importante regra os salvará dos conflitos da guerra pessoal.

A Força Cósmica do Hábito não sugere o que um indivíduo deve desejar, ou se seus hábitos de pensamento serão positivos ou negativos, mas age de acordo com eles cristalizando-os em vários graus de permanência, e traduzindo-os em seu equivalente físico por meio de motivação inspirada para ação.

193

A chave mestra das riquezas

O poder do "pensamento em massa"

A força do hábito fixa não só os hábitos de pensamento dos indivíduos, mas também os hábitos de pensamento de grupos de pessoas e das massas, segundo o padrão estabelecido pela preponderância de seus pensamentos dominantes individuais. Por exemplo, logo depois do fim da Primeira Guerra Mundial, todo o mundo começou a falar sobre "a próxima guerra", até que ela se cristalizou.

De maneira semelhante, as pessoas pensam e falam sobre epidemias e elas acabam acontecendo. No passado, quando o Departamento de Saúde de uma cidade adquiriu o hábito de pendurar grandes cartazes com letras vermelhas alertando as pessoas para ficarem atentas ao surto de várias doenças, a epidemia de alguma dessas doenças seria a próxima manifestação dessa expressão de pensamento. Era quase certo que surgiria.

A mesma regra se aplica ao indivíduo que pensa e fala em doenças. No início, ele é considerado hipocondríaco — alguém que sofre de doenças imaginárias —, mas quando o hábito é mantido, a doença, ou outra muito parecida com ela, costuma se manifestar. A Força Cósmica do Hábito causa isso! Porque é verdade que um pensamento mantido na mente por repetição começa imediatamente a se traduzir em seu equivalente físico, por todos os meios práticos que estejam disponíveis.

Um triste comentário sobre a inteligência das pessoas é que mais de três quartos das que dispõem de todos os benefícios de um grande país como os Estados Unidos passam a vida empobrecidas. Mas o motivo para isso não é difícil de entender se reconhecemos o princípio operante da Força Cósmica do Hábito.

A lei da Força Cósmica do Hábito

A pobreza é o resultado direto de uma "consciência de pobreza", que resulta do pensar em termos de pobreza, temê-la e falar sobre ela.

Seria difícil imaginar pessoas bem-sucedidas pensando em termos do que não querem, em termos de pobreza! Instrução e capacidade geral não têm nada a ver com seu sucesso, porque algumas pessoas bem-sucedidas têm menos instrução e capacidade geral do que milhões de outras que permanecem empobrecidas durante toda a vida, algumas das quais detentoras de diplomas universitários.

O mundo pensa e fala sobre câncer como uma doença incurável há tanto tempo que a Força Cósmica do Hábito transmutou esse padrão de pensamento em uma fixação difícil de eliminar. Mas chegou o tempo em que grupos de pessoas mais bem informadas estão começando a estabelecer padrões de pensamento que podem servir como antídoto para essa enfermidade.

Quando esse tipo de "pensamento em massa" se tornar suficientemente amplo, o câncer seguirá o caminho de todas as doenças humanas que morreram à míngua porque as pessoas pararam de pensar e falar sobre elas.

A boa saúde é o resultado de uma "consciência de saúde" cuidadosamente cultivada por pensamentos de boa saúde constantes e tornada permanente pela lei da Força Cósmica do Hábito.

Se vocês desejam opulência, ordenem a seu subconsciente que a produza, desenvolvendo uma "consciência de prosperidade", e verão a rapidez com que sua condição econômica vai melhorar.

A chave mestra das riquezas

Primeiro vem a "consciência" do que se deseja, depois a manifestação física ou mental desse desejo. A "consciência" é sua responsabilidade. É algo que vocês devem criar com seus pensamentos diários ou meditação, se preferirem que seus desejos se tornem conhecidos dessa maneira. Assim, farão alianças com nada menos que um poder do Criador de todas as coisas.

"Cheguei à conclusão de que a aceitação da pobreza ou da má saúde é uma confissão aberta de falta de Fé", disse um grande filósofo.

Nós proclamamos muito a Fé, mas nossas ações contradizem nossas palavras. A Fé é um estado mental que só pode se tornar permanente por meio de ações. A crença sozinha não basta, porque como disse o grande filósofo, "a Fé sem obras é morta".

A lei da Força Cósmica do Hábito é uma criação da própria Natureza. É o único princípio universal pelo qual a ordem e a harmonia estão presentes em toda a operação do universo, da maior estrela no céu aos menores átomos de matéria.

Esse é um poder disponível igualmente para os fracos e os fortes, os ricos e os pobres, os doentes e os saudáveis. Ele oferece a solução para todos os problemas humanos.

O principal objetivo dos 17 princípios dessa filosofia é ajudar as pessoas a se adaptarem ao poder da Força Cósmica do Hábito por meio da autodisciplina — especialmente em relação a formar hábitos de pensamento.

Como os 17 princípios se relacionam com a Força Cósmica do Hábito

Agora vamos fazer uma breve revisão desses princípios, para que possamos entender sua relação com a Força Cósmica do

A lei da Força Cósmica do Hábito

Hábito. Observemos como esses princípios estão tão relacionados que se fundem e formam a Chave Mestra que abre as portas para a solução de todos os problemas.

A análise começa com o primeiro princípio da filosofia.

1. O HÁBITO DE FAZER UM ESFORÇO A MAIS
Esse princípio é apresentado primeiro porque ajuda a condicionar a mente para prestar um serviço útil. E esse condicionamento prepara o caminho para o segundo princípio;

2. DEFINIÇÃO DE OBJETIVO
Com a ajuda desse princípio, pode-se dar uma diretriz organizada para o princípio de Fazer um Esforço a Mais, e certificar--se de que ele os levará na direção de seu objetivo principal e terá efeitos cumulativos. Esses dois princípios levarão qualquer um a altos níveis de realização, mas aqueles com objetivos de vida mais elevados precisarão de muita ajuda ao longo do caminho, e essa ajuda estará disponível pela aplicação do terceiro princípio;

3. MASTER MIND
Ao aplicar esse princípio, a pessoa começa a experimentar uma nova e mais ampla sensação de poder que não está disponível para a mente individual, porque ele supera as deficiências pessoais e oferece, quando necessário, uma parte do conhecimento da humanidade acumulado durante eras. Mas essa sensação de poder não estará completa até que se aprenda a arte de receber orientação por meio do quarto princípio;

4. Fé Aplicada

Aqui o indivíduo começa a se sintonizar com os poderes da Inteligência Infinita, que é um benefício disponível apenas para os que condicionaram a mente para recebê-lo. Começa-se a dominar totalmente a própria mente, livrando-se de todos os medos, preocupações e dúvidas, e reconhecendo sua "sintonia com a fonte de todo o poder".

Esses quatro princípios têm sido corretamente chamados de "Grandes Quatro", pois são capazes de dar mais poder do que as pessoas em geral precisam para atingir altos níveis de realização pessoal. Mas são adequados apenas para os poucos que possuem as demais qualidades necessárias para o sucesso, como as fornecidas pelo quinto princípio;

5. Personalidade Agradável

Uma personalidade agradável faz com que alguém venda a si mesmo e suas ideias para os outros. Portanto, é essencial para quem deseja se tornar uma influência orientadora em uma aliança Master Mind. Mas observem cuidadosamente o quanto os quatro princípios anteriores tendem a tornar uma personalidade agradável. Esses cinco princípios são capazes de gerar um incrível poder pessoal, mas não o suficiente para ser uma garantia contra a derrota, porque a derrota é uma circunstância que todos enfrentam muitas vezes na vida, daí a necessidade de entender e aplicar o sexto princípio;

6. Hábito de Aprender com a Derrota

Observe que esse princípio começa com a palavra "hábito", o que significa que deve ser aceito e aplicado como tal, em todas

A lei da Força Cósmica do Hábito

as circunstâncias da derrota. Nele pode-se encontrar esperança o bastante para inspirar um recomeço quando os planos dão errado, como acontece em um momento ou outro.

Observe quanto a fonte de poder pessoal aumentou com a aplicação desses seis princípios. Aqueles que os aplicaram descobriram para onde estavam indo na vida e obtiveram a amigável cooperação de todos cujos serviços foram necessários para ajudá-los a atingir seus objetivos; eles se tornaram pessoas agradáveis, garantindo a cooperação contínua dos outros; aprenderam a arte de recorrer à fonte de inteligência infinita e expressar esse poder por meio da fé aplicada; e aprenderam a transformar as pedras em que tropeçaram na derrota pessoal em degraus. Contudo, apesar de todas essas vantagens, o indivíduo cujo Objetivo Principal Definido conduz aos mais altos níveis de realização pessoal muitas vezes chega a um ponto em sua carreira em que precisa dos benefícios do sétimo princípio;

7. Visão Criativa

Esse princípio torna possível olhar para o futuro e julgá-lo em comparação com o passado e traçar novos e melhores planos para realizar esperanças e objetivos na oficina da imaginação. E aqui, talvez pela primeira vez, é possível descobrir o sexto sentido e começar a usá-lo para obter o conhecimento que não está disponível nas fontes organizadas da experiência humana e do conhecimento acumulado. Mas, para se certificar de que terá um uso prático, é necessário aceitar e aplicar o oitavo princípio;

A chave mestra das riquezas

8. Iniciativa Pessoal

Esse é o princípio que inicia a ação e a mantém na direção dos objetivos definidos. Ele protege contra os atos destrutivos de procrastinação, indiferença e preguiça. É possível avaliar a importância desse princípio reconhecendo-se que ele é o "criador de hábitos" relacionado com os sete princípios anteriores, porque é óbvio que a aplicação de nenhum princípio pode se tornar um hábito se não for por iniciativa pessoal. A importância desse princípio pode ser mais bem avaliada reconhecendo-se o fato de que ele é o único meio pelo qual é possível exercer o total e completo controle sobre a única coisa que o Criador nos deu para controlar: o poder dos nossos pensamentos.

Os pensamentos não se organizam e não se direcionam. Eles precisam de orientação, inspiração e da ajuda que pode ser dada apenas pela iniciativa pessoal. Mas a iniciativa pessoal às vezes é mal direcionada. Por isso, precisa da orientação adicional disponível por meio do nono princípio;

9. Pensamento Preciso

O Pensamento Preciso protege não só do mau direcionamento da iniciativa pessoal, mas também de erros de julgamento, conjecturas e decisões prematuras. Protege, ainda, da influência das próprias emoções pouco confiáveis, modificando-as pelo poder da razão.

Aqui o indivíduo que dominou esses nove princípios terá enorme poder, mas o poder pessoal pode ser, e frequentemente é, um poder perigoso se não for controlado e direcionado pela aplicação do décimo princípio;

A lei da Força Cósmica do Hábito

10. AUTODISCIPLINA

A autodisciplina não pode ser obtida por um simples pedido, tampouco rapidamente. Ela é o produto de hábitos cuidadosamente estabelecidos e mantidos que, em muitos casos, só podem ser adquiridos em muitos anos de muito esforço. Então chegamos ao ponto em que o poder da vontade será posto em ação, porque a autodisciplina é um produto exclusivamente da vontade.

Inúmeras pessoas obtiveram grande poder com a aplicação dos nove princípios anteriores, apenas para se depararem com desastre ou levar outros à derrota com sua falta de autodisciplina ao utilizar de seu poder.

Esse princípio, quando dominado e aplicado, oferece total controle sobre nosso maior inimigo: nós mesmos!

A autodisciplina deve começar com a aplicação do 11º princípio;

11. CONCENTRAÇÃO

O poder da concentração também é um produto da vontade. Está tão intimamente ligado à autodisciplina que eles têm sido chamados de "irmãos gêmeos" dessa filosofia. A concentração evita que a pessoa dissipe suas energias e a ajuda a manter a mente focada em seu Objetivo Principal Definido até que seja assumido pela mente subconsciente e tornado pronto para ser traduzido em seu equivalente físico, por meio da lei da Força Cósmica do Hábito. A concentração é o olho da câmera da imaginação, por meio da qual o perfil detalhado dos propósitos e objetivos é registrado no subconsciente. Portanto, é indispensável.

A chave mestra das riquezas

Agora olhem de novo e vejam quanto o poder pessoal aumentou com a aplicação desses onze princípios. Mas nem mesmo eles são suficientes para todas as circunstâncias da vida, porque há momentos em que precisamos da cooperação amigável de muitas pessoas, como clientes em negócios ou clientes em uma profissão, ou votos em uma eleição para um cargo público, e isso só pode ser feito com a aplicação do 12º princípio;

12. Cooperação
A cooperação difere do princípio Master Mind no sentido de que é um relacionamento humano necessário, e pode ser obtido sem uma aliança com outras pessoas baseada em uma total fusão de mentes para a realização de um Objetivo Definido.

Sem a cooperação entre as pessoas ninguém pode obter sucesso nos níveis mais altos de realização pessoal, porque a cooperação é a maneira mais valiosa de ampliarmos o espaço que ocupamos na mente dos outros, às vezes conhecida como "boa vontade". A cooperação amigável faz clientes retornarem. Portanto, é um princípio que definitivamente faz parte da filosofia das pessoas bem-sucedidas.

13. Entusiasmo
O entusiasmo é um estado mental contagiante que não só ajuda a obter a cooperação dos outros como, mais importante do que isso, nos inspira a usar o poder da imaginação. Também inspira a ação como uma expressão da iniciativa pessoal e leva ao hábito da concentração. Além disso, é uma das qualidades importantes de uma personalidade agradável, e torna fácil a aplicação do princípio de Fazer um Esforço a Mais. Além de todos esses benefícios, o entusiasmo dá força e convicção à fala.

A lei da Força Cósmica do Hábito

Entusiasmo é o produto do motivo, mas é difícil mantê-lo sem a ajuda do 14º princípio;

14. O Hábito da Saúde

A boa saúde física fornece uma estrutura adequada para a mente operar; portanto, é essencial para o sucesso duradouro, pressupondo que a palavra "sucesso" cumpra todos os requisitos da felicidade.

Aqui a palavra "hábito" também se destaca, porque a boa saúde começa com uma "consciência da saúde" que só pode ser desenvolvida com os hábitos certos e mantidos pela autodisciplina.

A boa saúde é a base do entusiasmo, e o entusiasmo estimula a boa saúde. Portanto, eles são como a galinha e o ovo: ninguém pode determinar o que veio primeiro, mas todos sabem que são importantes para a existência um do outro. A saúde e o entusiasmo são assim: essenciais para o progresso e a felicidade humana.

Agora façam novamente um inventário e contem os ganhos em poder que alguém teria com a aplicação desses 14 princípios. O poder atingiu proporções tão fantásticas que desafiam a imaginação. Contudo, isso não é proteção suficiente contra o fracasso, e teremos que acrescentar o 15º princípio;

15. Poupar Tempo e Dinheiro

As pessoas ficam com dor de cabeça à menção de poupar tempo e dinheiro. Quase todos desejam gastar tempo e dinheiro livremente, mas fazer um orçamento e poupá-los, jamais! Contudo, a independência e liberdade do corpo e da mente, os dois

A chave mestra das riquezas

grandes desejos de toda a humanidade, não podem se tornar realidades duradouras sem a autodisciplina de um rígido sistema de orçamento. Por isso, esse é um princípio necessário e essencialmente importante da filosofia de realização pessoal.

Agora estamos atingindo o máximo da conquista de poder pessoal. Aprendemos as fontes de poder e podemos explorá-las e usá-las à vontade para qualquer fim desejado; e esse poder é tão grande que nada pode resistir a ele, exceto pelo fato de que os indivíduos podem aplicá-lo insensatamente à sua própria destruição e à destruição dos outros. Consequentemente, para guiar o indivíduo no uso correto do poder, é necessário acrescentar o 16º princípio;

16. A Regra de Ouro Aplicada

Observe a ênfase na palavra "aplicada". A crença na solidez da Regra de Ouro não basta. Para ser um benefício duradouro e para que sirva como um guia seguro no uso do poder pessoal, ela deve ser aplicada como uma questão de hábito, em todas as relações humanas.

Embora possa parecer um grande desafio, os benefícios de aplicar essa regra profunda do relacionamento humano valem os esforços necessários para que ela se torne um hábito. As penalidades por não viver de acordo com essa regra são numerosas demais para ser descritas em detalhes.

Agora obtivemos o maior poder pessoal e fornecemos a nós mesmos a necessária garantia contra seu mau uso. Daqui em diante, o que precisamos é dos meios para tornar esse poder permanente em nossas vidas. Por isso, completaremos essa filosofia com o único princípio conhecido pelo qual podemos atingir esse fim desejado — o 17º e último princípio dessa filosofia;

A lei da Força Cósmica do Hábito

17. A Força Cósmica do Hábito

A Força Cósmica do Hábito é o princípio pelo qual todos os hábitos são fixados em vários graus de permanência. Como foi dito anteriormente, é o princípio que controla toda essa filosofia, no qual todos os 16 princípios anteriores se fundem e se tornam uma parte. E é o princípio controlador de todas as leis naturais do universo. É o que garante a fixação do hábito na aplicação dos princípios anteriores dessa filosofia. Portanto, é o fator de controle no condicionamento da mente individual para o desenvolvimento e a expressão da "consciência de prosperidade" tão essencial para a conquista do sucesso pessoal.

A simples compreensão dos 16 princípios anteriores não levará ninguém à obtenção de poder pessoal. Eles devem ser compreendidos e aplicados como um rígido hábito, e o hábito é o único trabalho da lei da Força Cósmica do Hábito.

A Força Cósmica do Hábito é sinônimo do grande Rio da Vida, ao qual me referi antes, porque consiste em uma potencialidade negativa e positiva, como consistem todas as formas de energia.

Sua aplicação negativa é chamada de "ritmo hipnótico" porque tem um efeito hipnótico em tudo com que entra em contato. Podemos ver seus efeitos, de um modo ou de outro, em cada ser humano. É o único meio pelo qual a "consciência de pobreza" se torna um hábito!

É a criadora de todos os hábitos estabelecidos de medo, inveja, ganância e vingança, e do desejo de algo a troco de nada. Ela fixa os hábitos de desesperança e indiferença. E cria o hábito da hipocondria, que faz milhões de pessoas sofrerem de doenças imaginárias.

A chave mestra das riquezas

Também é a criadora da "consciência de fracasso" que mina a autoconfiança de milhões de pessoas. Em resumo, ela fixa todos os hábitos negativos, independentemente de sua natureza ou de seus efeitos. Portanto, é o lado do "fracasso" no grande Rio da Vida.

O lado do "sucesso" do Rio da Vida — o lado positivo — fixa todos os hábitos construtivos, como da Definição de Objetivo, o de Fazer um Esforço a Mais, o de aplicar a Regra de Ouro em Relacionamentos Humanos e todos os outros hábitos que devemos desenvolver e aplicar para obter os benefícios dos 16 princípios anteriores dessa filosofia.

Um exame do "hábito"

Agora vamos examinar a palavra "hábito". O dicionário Webster apresenta muitas definições para essa palavra, entre elas: "Comportamento adquirido por repetição frequente ou exposição fisiológica que se revela em regularidade ou maior facilidade de desempenho."

A definição do Webster entra em consideráveis detalhes adicionais, mas nenhuma parte descreve a lei que fixa todos os hábitos; essa omissão sem dúvida se deve ao fato de que a lei da Força Cósmica do Hábito não foi revelada aos editores desse dicionário. Mas observamos outra palavra importante e significativa: "repetição". Ela é importante porque descreve como todos os hábitos começam.

A *Definição de Objetivo*, por exemplo, só se torna um hábito pela repetição do pensamento nesse objetivo, trazendo-o diversas vezes à mente e submetendo-o à imaginação com

A lei da Força Cósmica do Hábito

um desejo ardente de que se realize, até a imaginação criar um plano prático para realizá-lo, aplicando o hábito da Fé, em relação ao desejo, e fazendo isso tão intensa e repetidamente que é possível já se ver em posse do objeto desejado mesmo antes de obtê-lo.

A criação de hábitos positivos voluntários exige autodisciplina, persistência, força de vontade e Fé, todas disponíveis para quem assimilou os dezesseis princípios anteriores dessa filosofia. A criação de hábitos voluntários é autodisciplina em sua forma mais elevada e nobre! Todos os hábitos positivos voluntários são produtos da força de vontade direcionada para a realização de objetivos definidos. Originam-se do indivíduo, não da Força Cósmica do Hábito. E devem ser sedimentados na mente por meio da repetição de pensamentos e atos até serem assumidos pela Força Cósmica do Hábito e fixados, quando então devem operar automaticamente.

A palavra "hábito" é importante para essa filosofia de realização pessoal porque é a real causa de todas as condições econômicas, sociais, profissionais, ocupacionais e espirituais na vida. Nós estamos onde estamos e somos o que somos em virtude de nossos hábitos fixos. E podemos estar onde quisermos e ser o que quisermos apenas desenvolvendo e mantendo nossos hábitos voluntários.

Portanto, vemos que toda essa filosofia leva inevitavelmente a uma compreensão e aplicação da lei da Força Cósmica. O objetivo principal de cada um dos 16 princípios anteriores é ajudar o indivíduo a desenvolver uma forma de hábito especializada particular, que é necessária para tomar posse da própria mente! Isso também deve se tornar um hábito.

A chave mestra das riquezas

O poder da mente está sempre envolvido de maneira ativa em um ou outro lado do rio da Vida. O objetivo dessa filosofia é fazer com que o indivíduo desenvolva e mantenha hábitos de pensamento e ações que tornam a mente concentrada no lado do "sucesso" desse rio. Essa é a única tarefa da filosofia.

Dominar e assimilar a filosofia, como qualquer outra coisa agradável, tem um preço que deve ser pago antes que seus benefícios sejam desfrutados. Esse preço, entre outras coisas, é a eterna vigilância, determinação, persistência e vontade de fazer a vida valer a pena em nossos próprios termos, em vez de aceitar substitutos de pobreza, infelicidade e desilusão.

Há duas maneiras de se relacionar com a vida. Uma é fazer o papel do cavalo enquanto a vida cavalga. A outra é se tornar o cavaleiro enquanto a vida faz o papel do cavalo. A escolha de se tornar o cavalo ou o cavaleiro é um privilégio de todos, mas uma coisa é certa: se alguém não escolher se tornar o cavaleiro da vida, sem dúvida será forçado a se tornar o cavalo. A vida cavalga ou é cavalgada. E nunca para.

A relação do "ego" com a Força Cósmica do Hábito

Como um estudante dessa filosofia, você provavelmente está interessado no método pelo qual podemos transmutar o poder do pensamento em seu equivalente físico. E provavelmente também está interessado em aprender como se relacionar com os outros em um espírito de harmonia.

Infelizmente, nossas escolas têm se calado sobre essas necessidades importantes. "Nosso sistema educacional", disse o psicólogo Dr. Henry C. Link, "tem se concentrado no desen-

A lei da Força Cósmica do Hábito

volvimento mental e falhado em oferecer qualquer conhecimento sobre o modo como os hábitos emocionais e de personalidade são adquiridos ou corrigidos."

A denúncia dele tem uma base sólida. O sistema de ensino tem falhado em suas obrigações, segundo o Dr. Link, porque a lei da Força Cósmica do Hábito não é reconhecida pela grande massa de educadores.

Todos sabem que praticamente tudo o que fazemos, desde que começamos a andar, é resultado de hábitos. Andar e falar são hábitos. Nossos modos de comer e beber são hábitos. Nossas atividades sexuais são resultado do hábito. Nossos relacionamentos com os outros, sejam positivos ou negativos, são resultados de hábitos, mas poucas pessoas entendem por que ou como formamos hábitos.

Os hábitos estão intrinsecamente ligados ao ego humano. Por isso, vamos analisar esse muito mal compreendido tema do ego. Mas primeiro temos que reconhecer que o ego é o meio pelo qual a Fé e todos os outros estados mentais operam.

Do início ao fim dessa filosofia, foi dada grande ênfase à distinção entre Fé passiva e Fé ativa. O ego é o meio de expressão de toda ação. Portanto, devemos conhecer um pouco de sua natureza e suas possibilidades para as utilizarmos da melhor maneira. Devemos aprender a estimular o ego a agir, e a controlá-lo e guiá-lo para a realização de objetivos definidos.

Acima de tudo, devemos dissuadir nossas mentes do erro comum de acreditar que o ego é apenas um meio de expressão da vaidade. A palavra "ego" é de origem latina, e significa "eu". Mas também significa uma força motriz que pode ser organizada e usada para traduzir desejo em Fé, por meio da ação.

A chave mestra das riquezas

O mal compreendido poder do ego

A palavra "ego" refere-se a todos os fatores da personalidade. Portanto, o ego está sujeito a desenvolvimento, orientação e controle por meio de hábitos voluntários — aqueles que desenvolvemos deliberada e propositalmente.

Um grande filósofo, que dedicou sua vida ao estudo do corpo e da mente humana, nos ofereceu uma base prática para o estudo do ego ao afirmar:

> Seu corpo, vivo ou morto, é uma coleção de milhões de pequenas energias que nunca morrem. Essas energias são separadas e individuais e às vezes agem com algum grau de harmonia.
>
> O corpo humano é um mecanismo à deriva da vida, capaz, mas não acostumado, a controlar as forças interiores, exceto quando o hábito, a vontade, a cultura ou uma emoção especial podem direcioná-las para a realização de um objetivo importante.
>
> Estamos satisfeitos por muitos experimentos que esse poder de direcionar e usar essas energias pode ser, em cada pessoa, cultivado em alto grau.
>
> O ar, a luz solar, o alimento e a água são os agentes de uma força que vem do céu e da terra. Você flutua indolentemente na maré das circunstâncias para seguir sua vida diária, e as oportunidades de ser algo melhor do que já é são arrastadas para além de seu alcance e perdidas.

A lei da Força Cósmica do Hábito

A humanidade é cercada de tantas influências que, desde tempos imemoriais, nenhum esforço real foi feito para controlar os impulsos que andam à solta no mundo. Foi, e ainda é, mais fácil deixar as coisas acontecerem em vez de exercer a vontade para direcioná-las.

Mas a linha divisória entre o sucesso e o fracasso encontra-se onde a flutuação à deriva termina. (Onde começa a Definição de Objetivo.)

Todos nós somos criaturas de emoções, paixões, circunstâncias e acaso. O que a mente será, o que o coração será, o que o corpo será, são aspectos determinados pelas circunstâncias da vida, mesmo quando uma atenção especial é dada a qualquer uma delas.

Se vocês refletirem um pouco, ficarão surpresos com o quanto sua vida tem estado à deriva.

Olhem para toda vida criada e verão seus esforços para se expressar. A árvore estende seus galhos na direção da luz solar, luta por entre suas folhas para inalar o ar e, até mesmo debaixo da terra, estende suas raízes em busca de água e dos minerais de que precisa para alimento. Vocês chamam isso de vida inanimada, mas ela representa uma força que vem de alguma fonte e opera com algum objetivo.

Não há nenhum lugar no planeta em que não seja encontrada energia.

O ar é tão carregado de energia que no céu frio do norte ele brilha em raios boreais, e onde quer que a temperatura gelada

A chave mestra das riquezas

ceda ao calor, as condições elétricas podem alarmar o homem. A água é apenas uma união líquida de gases, carregada de energias elétricas e químicas, todas capazes de prestar grande serviço ou causar grande dano.

Até mesmo o gelo, a fase mais fria da água, tem energia, porque não é nem nunca será dominado; sua força fragmentou rochas de montanhas. Nenhuma molécula química é livre de energia, e nenhum átomo pode existir sem ela. Nós somos uma combinação de energias individuais.

Os seres humanos são compostos de duas forças: uma tangível, na forma de um corpo físico, com seus bilhões de células individuais, cada qual dotada de inteligência e energia; e a outra intangível, na forma de ego — o organizado ditador do corpo capaz de controlar pensamentos e ações.

Os professores de ciências nos ensinam que a parte tangível de um corpo humano pesando 72 kg é composta por cerca de dezessete elementos químicos, que todos nós conhecemos:

4,08 kg de oxigênio
17,23 kg de carbono
6,80 kg de hidrogênio
1,81 kg de nitrogênio
2,04 kg de cálcio
0,17 kg de cloro
0,11 kg de enxofre
0,09 kg de potássio
0,08 kg de sódio

A lei da Força Cósmica do Hábito

0,03 kg de ferro
0,07 kg de flúor
0,05 kg de magnésio
0,04 kg de silício
Pequenos traços de arsênico, iodo e alumínio

Essas partes tangíveis dos seres humanos valem comercialmente menos de cinco reais, e podem ser compradas em qualquer fábrica moderna de produtos químicos. Acrescente a esses elementos um ego bem desenvolvido, adequadamente organizado e controlado, e eles valerão o preço estabelecido por seus donos. O ego é um poder que não pode ser comprado por nenhum preço, mas pode ser desenvolvido e moldado para se adequar a qualquer padrão desejado. Seu desenvolvimento ocorre por meio de hábitos organizados e tornados permanentes pela lei da Força Cósmica do Hábito, que concretiza os padrões de pensamento que uma pessoa desenvolve por meio do hábito controlado.

Todos os nossos maiores criadores, inventores, artistas e líderes empresariais propositalmente desenvolvem, guiam e magnetizam seu ego dentro de suas esferas de ação. Em consequência disso, todos os homens e mulheres que contribuíram para a marcha do progresso deram ao mundo uma demonstração do poder de um ego bem desenvolvido e cuidadosamente controlado.

Uma das grandes diferenças entre aqueles que fazem contribuições valiosas para a humanidade e os que simplesmente ocupam espaço no mundo é principalmente uma diferença de egos, porque o ego é a força motriz por traz de todas as formas de ação humana.

A chave mestra das riquezas

Liberdade e autonomia de corpo e mente — os dois maiores desejos de qualquer pessoa — estão disponíveis na exata proporção do desenvolvimento e uso que se faz do ego. Cada pessoa que se relaciona bem com o próprio ego tem liberdade e autonomia nas proporções desejadas.

O ego determina como um indivíduo se relaciona com os outros. Mais importante que isso, ele determina a política de relacionamento entre corpo e mente, onde são padronizadas as esperanças e as metas que definem nosso destino.

O ego é o maior bem ou o maior mal, dependendo de como nos relacionamos com ele. O ego é a soma total dos hábitos de pensamento que foram ancorados pela operação automática da lei da Força Cósmica do Hábito.

Como desenvolver uma consciência de sucesso

Todas as pessoas bem-sucedidas têm um ego bem desenvolvido e extremamente disciplinado, mas há um terceiro fator associado ao ego que determina seu poder para o bem ou o mal: o autocontrole para transmutar o ego em qualquer objetivo desejado.

O ponto de partida de qualquer realização individual é um plano para inspirar no ego uma "consciência de sucesso". A pessoa bem-sucedida deve fazer isso desenvolvendo adequadamente seu próprio ego, imprimindo-lhe o objeto de desejo e removendo todas as formas de limitação, medo e dúvida que levem à diminuição de seu poder.

A autossugestão (ou auto-hipnose) é o modo pelo qual uma pessoa pode sintonizar seu ego com qualquer frequência vibratória e carregá-lo com a realização de qualquer objetivo desejado.

A lei da Força Cósmica do Hábito

Se vocês não compreenderem todo o significado do princípio da autossugestão, perderão a parte mais importante desta análise, porque o poder do ego é totalmente determinado pelo poder da autossugestão.

Quando essa autossugestão atinge o status de Fé, o poder do ego se torna ilimitado.

O ego é mantido vivo e ativo e, se constantemente alimentado, adquire poder. Tal qual o corpo físico, o ego não pode e não irá subsistir sem alimento.

Ele deve ser alimentado com Definição de Objetivo.

Deve ser alimentado com Iniciativa Pessoal.

Deve ser alimentado com ação contínua, por meio de planos bem organizados.

Deve ser alimentado com Entusiasmo.

Deve ser alimentado com Atenção Controlada, dirigida a um fim específico.

Deve ser controlado e conduzido pela Autodisciplina.

E deve ser apoiado com Pensamento Preciso.

Ninguém pode se tornar senhor de algo ou de alguém até se tornar senhor do próprio ego.

Ninguém pode se expressar em termos de opulência enquanto seu poder de pensamento dá lugar a uma "consciência de empobrecimento". Contudo, não deveríamos perder de vista o fato de que muitos que têm grande riqueza começaram na pobreza — um fato que sugere que essa e todas as outras formas de medo podem ser vencidas e deixar de interferir no ego.

Em uma palavra, "ego", podem ser encontrados os efeitos compostos de todos os princípios de realização individual descritos nessa filosofia, coordenados em uma unidade de poder

A chave mestra das riquezas

que pode ser dirigida a qualquer fim desejado por qualquer indivíduo que seja senhor de seu ego.

Estou preparando vocês para aceitarem o fato de que o poder mais importante que têm a seu dispor — o único poder que determinará se serão bem-sucedidos ou fracassarão na ambição de sua vida — é o representado por seu próprio ego.

Também os estou preparando para colocarem de lado a crença ultrapassada que associa o ego ao excesso de amor, vaidade e vulgaridade, e reconheçam a verdade de que o ego é tudo o que há de uma pessoa fora aquelas substâncias químicas das quais o corpo é composto.

O sexo é a grande força criativa dos seres humanos. Está definitivamente associado ao ego, e é uma parte importante dele. Tanto o sexo quanto o ego obtiveram más reputações porque os dois podem ser usados de modo construtivo e destrutivo, e os ignorantes abusam de ambos desde o início dos tempos. O egocêntrico que se torna ofensivo ao expressar seu ego não descobriu como se relacionar com ele e usá-lo construtivamente.

O uso construtivo do ego é feito ao expressarmos esperanças, desejos, objetivos, ambições e planos, e não com jactância ou excesso de amor-próprio. O lema da pessoa que tem o ego sob controle é: "Ações, não palavras."

O desejo de ser grande, de ser reconhecido e de ter poder pessoal é um desejo saudável, mas uma clara expressão de uma crença na própria grandeza indica que a pessoa não dominou o ego e permitiu que ele a dominasse. E vocês podem ter certeza de que qualquer proclamação de grandiosidade é apenas um disfarce para algum medo ou complexo de inferioridade.

A lei da Força Cósmica do Hábito

A relação entre ego e atitude mental

Entendam a real natureza de seu ego e vocês entenderão a real importância do princípio Master Mind. Além disso, reconhecerão que, para ajudá-los ao máximo, os membros de sua aliança Master Mind devem estar em total harmonia com suas esperanças e seus objetivos, e não competindo de algum modo com vocês. Eles devem estar dispostos a subordinar totalmente os próprios desejos e personalidades à realização de seu objetivo principal na vida.

Devem confiar em vocês e em sua integridade, e respeitá-los. Devem estar dispostos a reconhecer suas virtudes e tolerar suas falhas. Devem estar dispostos a permitir que vocês sejam vocês mesmos e vivam do seu próprio modo em todos os momentos. Finalmente, devem receber de vocês alguma forma de benefício que os tornarão tão benéficos para eles quanto eles são para vocês.

Não observar esse último requisito porá fim à sua aliança Master Mind.

As pessoas se relacionam umas com as outras em suas próprias capacidades por um ou vários motivos. Não pode haver relacionamento humano permanente baseado em um motivo vago ou indefinido, ou sem motivo algum. Não reconhecer essa verdade tem custado a muitos a diferença entre pobreza e riqueza.

O poder que domina o ego e o reveste das contrapartidas materiais dos pensamentos que lhe dão forma é a lei da Força Cósmica do Hábito. Essa lei não dá qualidade ou quantidade ao ego; apenas pega o que encontra e o transforma em seu equivalente físico.

A chave mestra das riquezas

As pessoas que realizaram grandes conquistas são, e sempre foram, as que deliberadamente alimentaram, moldaram e controlaram o próprio ego, sem deixar nenhuma parte da tarefa a cargo da sorte, do acaso ou das vicissitudes da vida.

Cada pessoa pode controlar como seu ego é moldado, mas desse ponto em diante não tem tanto controle quanto o fazendeiro tem com o que acontece com a semente plantada. A lei implacável da Força Cósmica do Hábito faz todos os seres vivos se perpetuarem de acordo com seu tipo, e transforma o quadro pintado do ego em seu equivalente físico tão definitivamente quanto transforma uma bolota em um carvalho; e não é preciso nenhuma ajuda externa, apenas tempo.

Essas afirmações tornam óbvio que estamos não apenas defendendo o desenvolvimento deliberado e o controle do ego, mas definitivamente avisando que ninguém pode esperar ser bem-sucedido em qualquer esfera sem controlar o próprio ego.

A definição de um ego adequadamente desenvolvido

Para que não haja nenhuma interpretação errada do que significa "um ego adequadamente desenvolvido", descreverei brevemente os fatores de seu desenvolvimento.

Em primeiro lugar, o indivíduo deve se aliar a uma ou mais pessoas cuja mente esteja sintonizada e em perfeita harmonia com a dele para a realização de um Objetivo Definido, e essa aliança deve ser contínua e ativa.

Além disso, a aliança deve ser composta de pessoas com qualidades espirituais e mentais, educação, sexo e idade adequados para ajudar na realização do objetivo da aliança. Por

A lei da Força Cósmica do Hábito

exemplo, a aliança Master Mind de Andrew Carnegie era composta por mais de vinte pessoas, cada qual trazendo uma qualidade de mente, experiência, educação ou conhecimento diretamente relacionado com o objeto da aliança, e indisponível por qualquer um dos outros membros.

Em segundo lugar, tendo-se colocado sob a influência dos outros associados adequados, o indivíduo deve adotar e pôr em prática um plano definitivo para atingir o objetivo da aliança. Pode ser um plano criado pelos esforços conjuntos de todos os membros do grupo Master Mind.

Se um plano se revelar inconsistente ou inadequado, deve ser suplementado ou suplantado por outros planos, até que se encontre um que dará certo. Mas não deve haver nenhuma mudança no objetivo da aliança.

Em terceiro lugar, o indivíduo deve ficar longe da influência de qualquer pessoa e circunstância que tenha até mesmo uma leve tendência a fazê-lo sentir-se inferior ou incapaz de atingir seu objetivo. Egos positivos não crescem em ambientes negativos. Nesse ponto não pode haver nenhuma desculpa para um compromisso, e não cumpri-lo se revelará fatal para as chances de sucesso.

A linha deve ser traçada com precisão entre a pessoa e aqueles com qualquer tipo de influência negativa sobre ela, independentemente dos laços anteriores de amizade, obrigação ou parentesco que possam ter existido entre eles.

Em quarto, o indivíduo deve fechar a porta firmemente para qualquer pensamento ou experiência que tenda a fazê-lo se sentir inferior ou infeliz. Egos fortes e cheios de vitalidade não podem ser desenvolvidos remoendo-se pensamentos de expe-

A chave mestra das riquezas

riências passadas desagradáveis. Egos cheios de vitalidade florescem na esperança e nos desejos de objetivos ainda não atingidos.

Os pensamentos são os módulos com os quais o ego humano é construído. A força Cósmica do Hábito é o cimento que une permanentemente esses módulos, por meio de hábitos fixos. Quando o trabalho termina, ele representa, nos mínimos detalhes, a natureza dos pensamentos usados na construção.

Em quinto, o indivíduo deve se cercar de todos os meios físicos possíveis para imprimir na mente a natureza e o objetivo do ego que está desenvolvendo. Por exemplo, o escritor deveria montar um espaço decorado com imagens e obras de escritores do gênero literário que mais admira. As prateleiras deveriam estar cheias de livros relacionados ao seu trabalho. Ele deveria se cercar de todos os meios possíveis para transmitir ao ego a imagem exata de si mesmo que espera expressar, porque essa imagem é o padrão que a lei da Força Cósmica do Hábito escolherá — a imagem que a lei transformará em seu equivalente físico.

Em sexto, o ego adequadamente desenvolvido está o tempo todo sob o controle do indivíduo. Não deve ser inflado demais no sentido da "egomania", com a qual alguns se destroem.

No desenvolvimento do ego, o lema bem poderia ser: "Nem demais, nem de menos, de nada." Quando as pessoas começam a ter sede de controlar os outros, ou passam a acumular grandes somas de dinheiro que não podem usar ou não usam construtivamente, estão pisando em terreno perigoso. Esse tipo de poder cresce sozinho e logo sai de controle.

A lei da Força Cósmica ao Hábito

A natureza ofereceu às pessoas uma válvula de segurança com a qual desinflar o ego e aliviar a pressão de sua influência quando vamos além de certos limites ao desenvolvê-lo. Emerson chamou isso de Lei da Compensação, mas seja o que for. ela opera com inequívoca certeza.

A saúde de Napoleão Bonaparte começou a se deteriorar em virtude de seu ego esmagado, no dia em que chegou à ilha de Santa Helena. As pessoas que param de trabalhar e se afastam de todas as formas de atividade, depois de terem levado vidas ativas, geralmente se atrofiam e morrem logo em seguida. Se vivem, geralmente são infelizes. Um ego saudável está sempre em uso e sob total controle.

Em sétimo lugar, o ego passa constantemente por mudanças, para melhor ou pior, em decorrência da natureza dos hábitos de pensamento do indivíduo. Os dois fatores que forçam essas mudanças são o Tempo e a lei da Força Cósmica do Hábito Chamo a atenção de vocês para a importância do Tempo como um fator relevante para a ação da Força Cósmica do Hábito. Assim como as sementes plantadas na terra precisam de tempo para germinar, desenvolver-se e crescer, as ideias, os impulsos do pensamento e os desejos plantados na mente precisam de tempo para a lei da Força Cósmica do Hábito dar-lhes vida e ação.

Não há um modo adequado de descrever ou determinar o tempo exato necessário para a transformação de um desejo em seu equivalente físico. A natureza e a intensidade do desejo, e as circunstâncias relacionadas a ele, são fatores determinantes do tempo necessário para que a fase do pensamento passe para a fase física.

A chave mestra das riquezas

O estado mental conhecido como Fé é tão favorável à rápida transformação do desejo em seu equivalente físico que é conhecido por realizar a mudança quase instantaneamente.

Os seres humanos amadurecem fisicamente por volta dos 20 anos, mas mentalmente — o que significa o ego — precisam de 35 a 60 anos para atingir a maturidade. Isso explica por que são raros os que começam a acumular riquezas abundantes ou a realizar notáveis conquistas em outras direções antes dos 50 anos de idade.

O ego, que pode inspirar as pessoas a adquirir e manter grande riqueza material, exige autodisciplina, com a qual se adquire Autoconfiança, Definição de Objetivo, Iniciativa Pessoal, Imaginação, Precisão de Julgamento e outras qualidades sem as quais nenhum ego tem o poder de obter e manter riquezas em abundância.

Essas qualidades são adquiridas pelo uso adequado do tempo. Observem que não dissemos lapso de tempo. Pela ação da Força Cósmica do Hábito, os hábitos de pensamento de todos os indivíduos, sejam negativos ou positivos, de opulência ou pobreza, entrelaçam-se no padrão do ego e adquirem uma forma permanente que determina a natureza e a extensão de seu estado espiritual e físico.

A história de como uma esposa lidou com o ego do marido

Perto do início da Grande Depressão de 1929 nos Estados Unidos, a dona de um pequeno salão de beleza cedeu um quarto nos fundos de seu estabelecimento para um homem mais velho que precisava de um lugar para dormir. O homem não tinha

A lei da Força Cósmica do Hábito

dinheiro, mas tinha um considerável conhecimento dos métodos de produção de cosméticos.

A dona do salão lhe deu um lugar para dormir e uma oportunidade de pagar por seu quarto produzindo cosméticos que ela usava no salão.

Logo os dois estabeleceram uma aliança Master Mind destinada a proporcionar independência econômica a ambos. Primeiro entraram em uma sociedade, com o objetivo de produzir cosméticos para vender de porta em porta. A mulher oferecia o dinheiro para a matéria-prima e o homem realizava o trabalho.

Alguns anos depois, seu arranjo Master Mind havia se revelado tão lucrativo que ambos decidiram torná-lo permanente pelo casamento, apesar da diferença de 25 anos entre eles.

O homem havia estado no negócio de cosméticos durante a melhor parte de sua vida adulta, mas nunca alcançara o sucesso. A jovem mal conseguia ganhar a vida com seu salão de beleza. A feliz combinação entre eles deu-lhes um poder que nenhum dos dois conhecera antes de sua aliança, e eles começaram a ter sucesso financeiramente.

No início da crise, produziam cosméticos em um pequeno quarto e os vendiam de porta em porta. No fim da crise, uns oito anos depois, estavam produzindo seus cosméticos em uma grande fábrica que haviam comprado, tinham mais de cem funcionários trabalhando continuamente e mais de quatro mil revendedores em todo o país. Durante esse período eles acumularam uma fortuna de mais de dois milhões de dólares, apesar do fato de terem operado durante os anos da Grande Depressão, em que luxos como cosméticos eram naturalmente difíceis de vender.

A chave mestra das riquezas

Finalmente, eles tiveram dinheiro suficiente para se sustentar pelo resto da vida. Além disso, conquistaram liberdade financeira com exatamente os mesmos conhecimentos e as mesmas oportunidades que tinham antes de sua aliança Master Mind, quando ambos enfrentavam a pobreza.

Eu gostaria que o nome dessas duas pessoas interessantes pudessem ser revelados, mas as circunstâncias de sua aliança e a natureza da análise que farei agora torna isso impraticável. Contudo, tenho liberdade para descrever o que considero a fonte de sua impressionante conquista, evidenciando cada circunstância de seu relacionamento totalmente do ponto de vista de um analista imparcial que só está tentando apresentar um quadro real dos fatos.

O motivo que uniu essas duas pessoas em uma aliança Master Mind foi definitivamente de natureza econômica. A mulher já havia sido casada com um homem incapaz de ganhar seu sustento e que a abandonara com um filho pequeno. O homem também já havia sido casado.

Nada indicava que a emoção do amor tivesse sido o motivo do segundo casamento deles. O mote fora exclusivamente um desejo de liberdade econômica. O negócio e a casa sofisticada em que o casal vivia eram totalmente administrados pelo homem, que acreditava sinceramente ser o responsável por ambos. O nome do homem estava em todas as embalagens de produtos que saíam da fábrica. Estava impresso em letras garrafais em cada caminhão de entrega e aparecia em tipos enormes em todos os folhetos de vendas e anúncios que eles publicavam. O nome da esposa estava absolutamente ausente.

A lei da Força Cósmica do Hábito

O homem acreditava que havia criado o negócio; que o operava e que nada funcionaria sem ele. A verdade era exatamente o oposto. Seu ego criou e dirigiu o negócio, e a empresa poderia ter continuado a ser dirigida tão bem ou melhor sem sua presença, pelo bom motivo de que sua esposa desenvolveu aquele ego, e poderia ter feito o mesmo por qualquer outro homem em circunstâncias similares.

Paciente, sábia e premeditadamente, a esposa desse homem lhe nutriu o ego com o tipo de alimento que removia dele todos os traços de seu antigo complexo de inferioridade, surgido de uma vida inteira de privação e fracasso. Ela hipnotizou o marido fazendo-o acreditar que ele era um grande magnata dos negócios.

Qualquer grau de ego que aquele homem tivesse antes de ficar sob a influência de uma mulher inteligente foi devassado. Ela ressuscitou o ego do marido, nutriu-o, acalentou, alimentou e transformou em um poder de incríveis proporções, apesar da natureza excêntrica e da falta de habilidade para os negócios do homem.

Na verdade, toda a política, todos os movimentos e todos os avanços da empresa resultaram das ideias da esposa, e ela os plantou de forma tão inteligente na mente do marido que ele era incapaz de reconhecer sua fonte. Na realidade, ela era o cérebro do negócio, e ele era apenas a fachada, mas a combinação deles era imbatível, como provaram suas impressionantes conquistas financeiras.

A maneira como essa mulher se apagou foi uma prova convincente não só de seu total autocontrole como também de sua sabedoria, porque ela provavelmente sabia que não poderia ter obtido os mesmos resultados sozinha, ou por métodos diferentes dos que adotou.

Essa mulher tinha muito pouca educação formal, e não faço ideia de como ou onde ela aprendeu sobre o funcionamento da mente humana para ser inspirada a fundir toda a sua personalidade com a do marido visando desenvolver o ego dele. Talvez a intuição natural que muitas mulheres possuem tivesse sido responsável por seu bem-sucedido procedimento. Fosse o que fosse, ela fez um ótimo trabalho que serviu ao fim desejado de lhe trazer segurança econômica.

Então, eis a prova de que a principal diferença entre pobreza e riqueza é meramente a diferença entre um ego dominado pelo complexo de inferioridade e outro dominado por um sentimento de superioridade. Aquele homem poderia ter morrido como um sem-teto se uma mulher inteligente não tivesse fundido sua mente com a dele de modo a lhe alimentar o ego com pensamentos e uma crença na própria capacidade de chegar à opulência.

Essa é a conclusão da qual não há como fugir. Além disso, esse caso é apenas um de muitos que poderiam ser citados provando que o ego humano deve ser alimentado, organizado e dirigido a objetivos para que uma pessoa seja bem-sucedida em todas as esferas da vida.

O surpreendente ego de Henry Ford

O ego de Henry Ford — famoso pelo que o público em geral desconhece — era uma combinação de seu próprio ego e o da esposa. A definição e coerência de objetivo, a persistência,

A lei da Força Cósmica do Hábito

confiança e o autocontrole — tão obviamente partes do ego de Ford — podiam em grande parte ser atribuídos à influência da Sra. Ford.

O ego de Ford — ao contrário do ego do fabricante de cosméticos, que descrevemos — funcionava sem qualquer tipo de glamour ou ostentação. Funcionava em um óbvio espírito de humildade do coração.

Durante toda a vida de Henry Ford, não houve grandes quadros dele pendurados nas paredes de seu escritório, mas não se deixem enganar por isso. A influência do Sr. Ford era sentida em todas as pessoas direta ou indiretamente associadas a seu vasto império industrial. E até mesmo hoje algo do próprio Henry Ford está em todos os automóveis que saem das fábricas.

Estes são os meios pelos quais ele expressava seu ego: perfeição mecânica, transporte confiável a um preço popular, sua satisfação em empregar, direta e indiretamente, milhões de homens e mulheres.

O Sr. Ford não estava acima de apreciar palavras de elogio, mas nunca fez um esforço especial para obtê-las. Seu ego não exigia ser constantemente adulado como o do fabricante de cosméticos era por sua esposa.

O método do Sr. Ford apropriar-se do conhecimento e da experiência de outros homens era totalmente diferente do de Andrew Carnegie e da maioria dos outros magnatas dos negócios. Seu ego era tão simples e modesto que ele não incentivava comentários favoráveis sobre seu trabalho e não fazia nenhum esforço especial para expressar qualquer forma de valorização dos elogios que lhe eram feitos.

Henry Ford realmente era uma das grandes mentes do mundo.

A chave mestra das riquezas

Ele era uma das grandes mentes porque aprendeu a reconhecer as leis da natureza e a se adaptar a elas de um modo benéfico para si mesmo, mas muitos acreditam que sua grandiosidade provinha em grande parte da influência de sua esposa e de sua associação com outras grandes mentes, inclusive as de Thomas A. Edison, Luther Burbank, John Burroughs e Harvey Firestone, com quem Ford manteve uma aliança Master Mind durante muitos anos.

Por muito tempo esses cinco homens deixaram seus respectivos negócios e foram juntos para um lugar tranquilo onde trocavam ideias e alimentavam seu ego com o que cada qual precisava e desejava.

A personalidade, as políticas empresariais e até mesmo a aparência física de Henry Ford começaram a mostrar uma grande melhora de um ano para o outro em virtude de sua associação com esses quatro homens. A influência deles sobre Ford foi definitiva, profunda e duradoura.

Henry Ford tinha total controle de seu ego. Estudando as pessoas que realizaram grandes feitos, podemos observar que o espaço que ocupam no mundo corresponde exatamente à extensão em que dominam seu ego.

O fabricante de cosméticos ocupava e controlava apenas o espaço limitado por sua própria empresa e sua casa. Não se estendia além desses limites e nunca poderia se estender. Sua própria atitude mental fixava esses limites, e a Força Cósmica do Hábito os tornava permanentes.

Henry Ford ocupou, de uma maneira ou outra, praticamente todo o espaço do mundo, e influenciou de muitos modos todo o curso da civilização. Como era senhor de seu ego, pôde obter os bens materiais que desejava.

A lei da Força Cósmica do Hábito

O fabricante de cosméticos expressava seu ego de muitas formas infantis com mesquinhez e egoísmo. Consequentemente, limitou sua influência ao mero acúmulo de alguns milhões de dólares, e à dominação de algumas centenas de pessoas (sem o consentimento delas), inclusive de sua própria família e seus funcionários.

Henry Ford expressava seu ego em termos de benefícios cada vez maiores e mais amplos para a humanidade e, sem se propor a isso, tornou-se um fator de influência em todo o mundo. Esse é um pensamento impressionante! Apresenta sugestões extremamente importantes do tipo de ego que se deveria tentar desenvolver.

Henry Ford havia desenvolvido um ego que se estendia em planos que envolviam todo o planeta. Ele pensava em termos de fabricação e distribuição de milhões de automóveis. Pensava em termos de dezenas de milhares de homens e mulheres trabalhando para ele. Pensava em termos de milhões de dólares de capital de giro. Pensava em termos de um negócio que dominava, estabelecendo suas próprias políticas para buscar capital de giro, com as quais mantinha seu negócio fora do controle de terceiros. Pensava em termos de economia por meio da coordenação eficiente dos esforços de milhares de homens e mulheres que trabalhavam para ele, criando calendários de pagamento e condições de trabalho mais favoráveis para seus funcionários do que eles poderiam razoavelmente exigir. Pensava em termos de harmoniosa cooperação entre si mesmo e seus parceiros de negócios, e punha seus pensamentos em ação removendo de sua empresa qualquer um que não concordasse com ele.

A chave mestra das riquezas

Essas são as qualidades e os traços de caráter que nutriam, alimentavam e sustentavam o ego de Ford. Não há nada a respeito de qualquer uma dessas qualidades que seja difícil de entender. São qualidades que qualquer um pode ter simplesmente adotando-as e usando-as.

Pensem nos muitos que começaram a fabricar automóveis depois de Henry Ford; estudem cuidadosamente cada um deles e aprenderão rapidamente por que só lembramos de alguns ou das marcas de automóveis que temporariamente produziram.

Vocês descobrirão que todos os concorrentes de Ford que caíram no esquecimento fizeram isso em virtude de limitações autoimpostas ou dissipação do ego. Também descobrirão que praticamente todos esses inventores esquecidos tinham tanta inteligência quanto Henry Ford. Não só a maioria tinha mais instrução do que ele, como muitos tinham personalidades mais dinâmicas.

A principal diferença entre Ford e seus concorrentes do passado foi esta: ele desenvolveu um ego que se estendia muito além de suas realizações pessoais. Os outros eram tão limitados por seus egos que logo empacavam, e seus planos iam por água abaixo por falta daquele algo a mais que um ego estendido e flexível faz para levar uma pessoa para a frente.

O ego bem equilibrado não está sujeito a grandes influências de elogios ou críticas. Quem o possui iça suas velas na direção de um Objetivo Principal Definido, move-se por iniciativa pessoal na direção desse objetivo e nunca olha para a direita ou para a esquerda. Aceita tanto a derrota quanto a vitória como aspectos naturais da vida, mas não permite que seus planos para o futuro sejam modificados.

A lei da Força Cósmica do Hábito

E vocês, que estão aprendendo a assimilar essa filosofia, podem atingir esse estado da mesma maneira. Nos 17 princípios dessa filosofia há tudo de que precisam para tomar posse da Chave Mestra!

Agora vocês dispõem de todos os conhecimentos práticos usados por pessoas bem-sucedidas desde o início da civilização até hoje.

Essa é uma filosofia de vida completa — suficiente para todas as necessidades humanas. Ela guarda o segredo para a solução de todos os problemas humanos. E foi apresentada em termos que a pessoa mais humilde possa entender.

Você pode não desejar tornar-se um astro da empresa, do governo ou da ciência, mas pode e deve desejar tornar-se útil para ocupar o espaço no mundo que seu ego desejar. Todos acabam se parecendo com aqueles que causaram a impressão mais forte em seus egos. Todos nós somos criaturas de imitação, e naturalmente tentamos copiar os heróis de nossa escolha. Essa é uma qualidade útil e saudável.

Aqueles que têm como heróis pessoas de grande Fé são afortunados, porque a adoração ao herói traz consigo algo da natureza do herói adorado.

O solo fértil do jardim da mente

Para concluir, permitam-me resumir o que tem sido dito sobre o tema do ego, chamando atenção para o fato de que o ego representa o solo fértil do jardim da mente em que podemos desenvolver todos os estímulos que inspiram a fé ativa ou, não o fazendo, permitir que esse solo fértil produza uma colheita negativa de medo, dúvida e indecisão que levará ao fracasso.

A chave mestra das riquezas

A quantidade de espaço que vocês ocupam no mundo é agora uma questão de escolha. A Chave Mestra das Riquezas está em suas mãos. Vocês estão diante do último portão que os separa da felicidade. Esse portão não se abrirá se vocês não lhe pedirem para fazer isso. Vocês devem usar a Chave Mestra tornando seus os 17 princípios dessa filosofia!

Vocês têm à sua disposição uma filosofia de vida completa que é suficiente para a solução de todos os problemas individuais.

Essa é uma filosofia de princípios, algumas combinações que têm sido responsáveis por todos os sucessos individuais em todas as profissões ou esferas da vida, embora muitos possam ter usado com sucesso a filosofia sem reconhecer os 17 princípios pelos nomes que lhes demos.

Nenhum fator essencial para a realização bem-sucedida foi omitido. A filosofia abraça todos e os descreve com palavras e analogias que podem ser compreendidas pela maioria das pessoas.

Essa é uma filosofia de concretude que raramente toca em abstrações, apenas quando necessário. É livre de termos acadêmicos e frases que frequentemente só servem para confundir as pessoas comuns.

O objetivo geral da filosofia é nos permitir ir de onde estamos para onde queremos estar, tanto economicamente quanto espiritualmente. Portanto, ela nos prepara para desfrutar da vida abundante da qual o Criador queria que todos desfrutassem. E leva à obtenção de "riquezas" no sentido mais amplo e pleno da palavra, inclusive as doze mais importantes de todas.

O mundo tem sido muito enriquecido com filosofias abstratas, desde os tempos de Platão, Sócrates, Copérnico, Aristóteles e muitos outros pensadores do mesmo calibre até os dias

A lei da Força Cósmica do Hábito

de Ralph Waldo Emerson, William James e outros que seguiram seus exemplos.

Agora o mundo tem a primeira filosofia de realização individual completa e concreta que oferece os meios práticos pelos quais as pessoas podem tomar posse de suas próprias mentes e direcioná-las para a obtenção de paz de espírito, harmonia nos relacionamentos humanos, segurança econômica e a vida mais plena conhecida como felicidade.

Não como uma apologia, mas para servir de explicação, chamarei a atenção de vocês para o fato de que do início ao fim dessa análise do 17 princípios enfatizamos os mais importantes deles nos referindo continuamente a eles. A repetição não foi por acaso!

Foi deliberada e necessária devido à tendência de toda a humanidade a não se impressionar com novas ideias ou novas interpretações de verdades antigas. A repetição também foi necessária por causa da inter-relação dos 17 princípios, ligados tal como são os elos de uma corrente, cada qual se estendendo e se tornando parte do princípio antes e depois dele. E finalmente vamos reconhecer que a repetição de ideias é um dos princípios básicos do bom ensino e o núcleo central de toda propaganda eficaz. Portanto, isso não só é justificado como é definitivamente necessário para o progresso humano.

Quando vocês assimilarem essa filosofia, terão uma instrução melhor do que a maioria das pessoas que saem da universidade. Terão todos os conhecimentos úteis organizados a partir das experiências das pessoas mais bem-sucedidas que os Estados Unidos já produziram, e os terão de um modo que poderão entender e aplicar.

A chave mestra das riquezas

Mas lembrem-se de que a responsabilidade pelo uso adequado desse conhecimento será de vocês. A simples posse do conhecimento de nada valerá. O que conta é como você o utiliza.

CAPÍTULO 11

Autodisciplina

"O homem que adquire a capacidade de tomar posse de sua própria mente pode tomar posse de tudo o mais a que tem direito."

— ANDREW CARNEGIE

Depois da discussão matutina sobre a lei da Força Cosmica do Hábito, os participantes se sentiam energizados. Mudar de hábitos parecia um conselho muito sábio para aqueles que queriam alcançar o sucesso.

Quando entraram no restaurante do hotel, os participantes perceberam que seria a última vez em que poderiam estar na companhia uns dos outros. A semana havia proporcionado algumas amizades rápidas e muitos falavam sobre formar grupos Master Mind para continuarem a ajudar uns aos outros a realizar seus objetivos de vida. Alguém mencionou o fato de que a conferência terminaria e ninguém jamais saberia a identidade secreta do distinto cavalheiro. Naquele momento, um jovem entrou na sala, balançando uma folha de papel.

A chave mestra das riquezas

— *Eu consegui!* — *gritou.* — *Sei quem é o distinto cavalheiro e vou publicar sua identidade no jornal de amanhã.*

Algumas pessoas deduziram que aquele jovem era um repórter que acabara de conseguir seu primeiro furo jornalístico. Muitos o cercaram, implorando que revelasse o segredo, mas o rapaz se manteve firme.

— *De modo algum vou perder esse furo!* — *respondeu. Em vez disso, foi até o bufê de saladas e começou a se servir.*

Quando o barulho do salão se reduziu a um murmúrio, o moderador que havia apresentado o distinto cavalheiro no primeiro dia entrou no restaurante.

— *Senhoras e senhores* — *começou.* — *Está na hora de saberem o que prometi desde o dia em que esta conferência começou. Peço a todos que terminem aqui e voltem rapidamente para o auditório, onde lhes será apresentada a verdade final que estão esperando. O último passo que os ajudará a obter a Chave Mestra das Riquezas.*

— *Que emocionante* — *disse uma mulher para sua amiga enquanto se dirigia à sua cadeira.*

Alguns voltaram para o auditório com um olhar um pouco cético, como se duvidassem que alguém, até mesmo o orador, pudesse lhes apresentar algo com poder suficiente para mudar o rumo de suas vidas.

O cavalheiro já estava sentado na beira do palco. Ele parecia pensativo e pigarreou várias vezes antes de começar a falar.

Hoje eu gostaria de revelar os métodos pelos quais se pode tomar posse da própria mente. Comecei com a citação de um homem que provou a verdade dessa afirmação com surpreendentes conquistas. O Sr. Carnegie não só adquiriu mais riquezas

Autodisciplina

materiais do que precisava como também adquiriu outras onze riquezas e a mais importante das doze Riquezas da Vida.

E aqueles que o conheciam melhor e trabalhavam mais diretamente com ele, dizem que seu traço de caráter mais notável era que ainda muito jovem ele havia tomado posse de sua própria mente, e nunca abrira mão de seu direito de ter os próprios pensamentos.

Que conquista e que bênção seria se todos pudessem sinceramente dizer: "Eu sou o senhor do meu destino. Eu sou o capitão da minha alma." O criador provavelmente pretendia que fosse assim! Se não o quisesse, os seres humanos não teriam sido limitados apenas ao direito de controlar um poder — o poder de seus próprios pensamentos. Vivemos em busca de liberdade de corpo e mente, mas nunca a encontramos! Por quê? O Criador forneceu os meios pelos quais as pessoas podem ser livres, deu a todos acesso a esses meios e também inspirou a todos com motivos fortes para a conquista da liberdade.

Então, por que passamos pela vida aprisionados em uma jaula que nós mesmos criamos quando a chave da porta está tão facilmente ao nosso alcance? A jaula da pobreza, a jaula da doença, a jaula do medo, a jaula da ignorância. O desejo de liberdade de corpo e mente é um desejo universal, mas poucos a conquistam porque a maioria procura por ela em toda parte, menos na única fonte de tudo — *dentro de sua própria mente.*

O desejo de riquezas também é um desejo universal, mas a maioria das pessoas não consegue ver as reais riquezas da vida porque não reconhece que todas elas estão dentro da própria mente.

A chave mestra das riquezas

O mecanismo da mente é um sistema profundo de poder organizado que só pode ser liberado por um meio: rígida autodisciplina. A mente bem disciplinada e direcionada para objetivos definidos é um poder irresistível que não reconhece a derrota permanente como uma realidade. Ela organiza e transforma a derrota em vitória; faz degraus de pedras de tropeço, tem objetivos grandiosos e usa as forças do universo para realizar facilmente todos os seus desejos.

E quem adquiriu autodomínio por meio de autodisciplina nunca pode ser dominado pelos outros! A autodisciplina é uma das doze Riquezas, mas muito mais do que isso, é um pré-requisito importante para a obtenção de todas as riquezas, inclusive de liberdade de corpo e alma, poder e fama e todas as coisas materiais que chamamos de riquezas.

Esse é o único meio pelo qual podemos concentrar a mente em um Objetivo Principal Definido até que a lei da Força Cósmica do Hábito assimile o padrão desse objetivo e comece a transformá-lo em seu equivalente material.

É a chave para o poder da vontade e as emoções do coração, porque é o meio pelo qual ambas podem ser dominadas e equilibradas, uma com a outra, e dirigidas a objetivos definidos com pensamento preciso.

É a força diretriz na manutenção do Objetivo Principal Definido. É a fonte de toda a persistência e o meio de desenvolver o hábito de realizar planos e objetivos. É o poder pelo qual todos os hábitos de pensamento são padronizados e mantidos até serem assumidos pela lei da Força Cósmica do Hábito e levados a seu clímax lógico. É o meio de assumir o pleno e total controle de nossa mente e direcioná-la para os objetivos desejados. Isso é indispensável em toda liderança.

Autodisciplina

E é o poder que nos permite tornar a consciência uma colaboradora e guia em vez de conspiradora.

É o agente que limpa a mente para a expressão da Fé, vencendo todos os medos. Clareia a mente para a expressão da Imaginação e da Visão Criativa. Põe fim à indecisão e à dúvida. Ajuda a criar e manter a Consciência de Prosperidade", essencial para o acúmulo de riquezas materiais, e a Consciência de Saúde, necessária para a preservação da boa saúde física. Além disso, opera totalmente por meio do sistema de funcionamento da mente. Por isso, vamos examinar esse sistema para entender os fatores que o compõem.

Os dez fatores do "mecanismo" do pensamento

A mente opera mediante dez fatores, alguns dos quais automáticos, enquanto outros têm que ser dirigidos por esforço voluntário. Isso só pode ser feito com autodisciplina.

Esses dez fatores são:

1. INTELIGÊNCIA INFINITA: a fonte de todo o poder do pensamento, que opera automaticamente, mas pode ser organizada e dirigida a determinados fins com Definição de Objetivo.

A Inteligência Infinita pode ser comparada a um grande reservatório de água que transborda continuamente, seus braços fluindo em pequenos rios em muitas direções e dando vida a toda a vegetação e todos os seres. Essa parte do rio que dá vida aos seres humanos também nos dá o poder do pensamento.

O cérebro pode ser comparado a uma torneira, enquanto a água que flui pela torneira representa a Inteligência Infinita. O

A chave mestra das riquezas

cérebro não produz o poder do pensamento, apenas o recebe da Inteligência Infinita e o aplica a quaisquer fins desejados.

E lembrem-se de que o privilégio do controle e da direção do pensamento é a única prerrogativa sobre a qual o indivíduo tem total controle. Pode ser usado para construir ou destruir. Podemos lhe dar direção, por meio da Definição de Objetivo, ou negligenciá-lo, como escolhermos.

O exercício desse grande privilégio só é possível pela autodisciplina.

2. A MENTE CONSCIENTE: a mente individual funciona por meio de dois departamentos. Um é conhecido como a parte consciente da mente; o outro, como a parte subconsciente. Psicólogos acreditam que essas duas partes são comparáveis com um iceberg, a parte visível acima da linha d'água representando a parte consciente, e a invisível abaixo da linha d'água representando a parte consciente. Portanto, é óbvio que a parte consciente da mente — aquela com a qual acionamos consciente e voluntariamente o poder do pensamento — é apenas uma pequena parte do todo, consistindo em não mais que um quinto do poder disponível da mente.

A parte subconsciente da mente opera de maneira automática. Realiza todas as funções necessárias ligadas à criação e manutenção do corpo físico; mantém o coração batendo para o sangue circular; absorve o alimento por meio de um sistema químico perfeito; distribui o alimento em forma líquida por todo o corpo; remove células velhas e as substitui por novas; remove bactérias prejudiciais à saúde; cria novos seres físicos pela fusão das células de protoplasma (o material formativo dos

Autodisciplina

embriões animais) fornecidas por organismos vivos masculinos e femininos.

Essas e muitas outras funções essenciais são realizadas pela parte subconsciente da mente, que também serve como o elo entre a mente consciente e a inteligência infinita.

Pode ser comparada com a torneira da mente consciente, com a qual (pelo controle obtido com a autodisciplina) mais poder pode ser liberado. Ou ser comparada com o solo fértil em que a semente de qualquer ideia desejada pode ser plantada e germinar.

A importância da parte subconsciente da mente pode ser estimada reconhecendo-se o fato de que é o único meio de abordagem da inteligência infinita. Portanto, é o meio pelo qual todas as preces são transmitidas e todas as respostas às preces são recebidas. É o que transforma o Objetivo Principal Definido em seu equivalente material, um processo que consiste totalmente em guiar o indivíduo no uso adequado dos meios naturais de obter os objetos de seus desejos.

Além disso, a parte subconsciente dá preferência a dominar os pensamentos da mente — aqueles pensamentos que criamos por repetição de ideias ou desejos. Isso explica a importância de adotar um Objetivo Principal Definido e da necessidade de fixá-lo (por meio da autodisciplina) como um pensamento dominante.

3. A FACULDADE DA VONTADE: o poder da vontade é o "chefe" de todos os departamentos da mente. Pode mudar, alterar ou equilibrar todos os hábitos de pensamento, e suas decisões são definitivas e irrevogáveis, exceto pela própria vontade. É o

A chave mestra das riquezas

poder que controla as emoções do coração, e só pode ser dirigido pela autodisciplina. Nesse sentido, pode ser comparado com o presidente de um conselho de diretores cujas decisões são finais. Aceita ordens da mente consciente, mas não reconhece nenhuma outra autoridade.

4. A FACULDADE DA RAZÃO: é o "juiz presidente" da parte consciente da mente que pode julgar todas as ideias, todos os planos e desejos, e o fará se dirigido pela autodisciplina. Mas suas decisões podem ser postas de lado pelo poder da vontade, ou modificadas pelo poder das emoções quando a vontade não interferir. Aqui vamos observar que todo pensamento preciso exige a cooperação da faculdade da razão, embora essa seja uma exigência que não mais que uma em cada dez mil pessoas respeita. Isso explica por que há tão poucos pensadores precisos.

A maior parte do assim chamado pensamento é obra das emoções sem a influência orientadora da autodisciplina e sem relação com o poder da vontade ou a faculdade da razão.

5. A FACULDADE DAS EMOÇÕES: essa é a fonte da maioria das ações da mente, a base da maioria dos pensamentos liberados por sua parte consciente. As emoções são traiçoeiras e pouco confiáveis, e podem ser muito perigosas se não forem modificadas pela faculdade da razão sob a direção da faculdade da vontade.

Contudo, a faculdade das emoções não deve ser condenada por ser pouco confiável, porque é a fonte de todo entusiasmo, da imaginação e da Visão Criativa, e pode ser direcionada pela autodisciplina ao desenvolvimento desses elementos essenciais

Autodisciplina

da realização individual. A direção pode vir da modificação das emoções por meio das faculdades da vontade e da razão.

O pensamento preciso não é possível sem o total domínio das emoções. Seu domínio é obtido pondo-se as emoções sob o controle da vontade, preparando-as assim para ser dirigidas a quaisquer fins que a vontade possa ditar, modificando-as quando necessário por meio da faculdade da razão.

O pensador preciso não tem nenhuma opinião nem toma nenhuma decisão que não tenha sido submetida às faculdades da vontade e da razão. Ele usa essas emoções para inspirar sua imaginação a criar ideias, mas aperfeiçoa essas ideias por meio da vontade e da razão antes de sua aceitação final.

Isso é autodisciplina da mais alta ordem. O procedimento é simples, mas não fácil de seguir, e só é seguido pelo pensador preciso que se move por iniciativa própria.

As mais importantes das Doze Riquezas, como (1) uma atitude mental positiva, (2) harmonia nos relacionamentos humanos, (3) libertação do medo, (4) a esperança de realização, (5) a capacidade de ter fé, (6) uma mente aberta a todos os temas e (7) boa saúde física, só são obtidas com rígido direcionamento e controle de todas as emoções. Isso não significa que as emoções devam ser suprimidas, mas que devem ser controladas e dirigidas a fins específicos.

As emoções podem ser comparadas com o vapor em uma caldeira, cujo poder consiste em sua liberação e direção por meio de um motor. O vapor descontrolado não tem nenhum poder, e embora possa ser controlado, deve ser liberado por um regulador, que é um dispositivo que corresponde à autodisciplina relacionada com o controle e a liberação de poder emocional.

A chave mestra das riquezas

As emoções mais importantes e mais perigosas são: (1) a emoção do sexo, (2) a emoção do amor e (3) a emoção do medo. Essas são as emoções que produzem a maior parte de todas as atividades humanas. As emoções do amor e do sexo são criativas. Quando controladas e direcionadas, inspiram imaginação e visão criativa de extraordinárias proporções. Se não forem controladas e direcionadas, podem levar a pessoa a cometer loucuras destrutivas.

6. A Faculdade da Imaginação: é onde todas as ideias, todos os desejos, planos e objetivos são criados e desenvolvidos, junto com os meios de realizá-los. Com uso organizado e autodisciplina, a imaginação pode atingir o status de Visão Criativa.

Mas a faculdade da imaginação, como a faculdade das emoções, é traiçoeira e pouco confiável se não for controlada e dirigida pela autodisciplina. Sem controle, frequentemente dissipa o poder do pensamento em atividades inúteis, pouco práticas, destrutivas, que não precisam ser mencionadas em detalhes aqui. Imaginação descontrolada é a matéria-prima dos devaneios.

O controle da imaginação começa com a definição de objetivo baseada em planos definidos. O controle é completado com hábitos rígidos de autodisciplina que dão uma direção definida à faculdade das emoções, porque o poder das emoções é o que inspira a imaginação a agir.

7. A Faculdade Da Consciência: a consciência é o guia moral da mente, e seu objetivo principal é modificar os fins e objetivos do indivíduo para harmonizá-los com as leis morais

Autodisciplina

da natureza e da humanidade. A consciência é irmã gêmea da faculdade da razão no sentido que dá discernimento e orientação quando a razão está em dúvida.

A consciência funciona como um guia cooperativo apenas quando respeitada e seguida. Se negligenciada, ou tiver seus ditames rejeitados, acabará se tornando uma conspiradora em vez de guia, e frequentemente pronta para justificar nossos hábitos mais destrutivos.

Portanto, a natureza dúbia da consciência faz com que ela seja dirigida com rígida autodisciplina.

8. O Sexto Sentido: é a "radiodifusora" da mente, que envia e recebe automaticamente a vibração do pensamento comumente conhecida como telepatia. É o meio pelo qual todos os impulsos do pensamento conhecidos como "pressentimentos" são obtidos. E está estreitamente relacionado com a mente subconsciente, ou talvez seja parte dela.

O sexto sentido é o meio pelo qual a Visão Criativa opera, e basicamente todas as novas ideias são reveladas. E é o principal ativo das mentes de todos que são reconhecidos como "gênios".

9. A Memória: é o "arquivo" do cérebro, onde são armazenados todos os impulsos de pensamento, todas as experiências e todas as sensações que atingem o cérebro por meio dos cinco sentidos. E pode ser o "arquivo" de todos os impulsos de pensamento que atingem a mente por meio do sexto sentido, embora nem todos os psicólogos concordem com isso. A memória é traiçoeira e pouco confiável, a menos que seja dirigida pela autodisciplina.

A chave mestra das riquezas

10. Os Cinco Sentidos Físicos: são os cinco "braços" físicos do cérebro com os quais ele entra em contato com o mundo exterior e adquire informações. Os sentidos físicos não são confiáveis, e por isso precisam de autodisciplina constante. Sob qualquer tipo de atividade emocional intensa, os sentidos se tornam confusos e pouco confiáveis.

Os cinco sentidos físicos podem ser enganados pelo tipo mais simples de truque. E são enganados todos os dias pelas experiências comuns da vida. Sob a emoção do medo, os sentidos físicos frequentemente criam "fantasmas" monstruosos que só existem na faculdade da imaginação, e não há nenhum fato da vida que não exagerem ou distorçam quando o medo prevalece.

Descrevemos brevemente os dez fatores que atuam em todas as atividades mentais dos seres humanos. Mas fornecemos informações suficientes sobre o "mecanismo" da mente para indicar claramente a necessidade de autodisciplina em seu manejo e uso.

A autodisciplina é obtida pelo controle dos hábitos de pensamento. E o termo "autodisciplina" se refere apenas ao poder do pensamento, porque toda autodisciplina deve ocorrer na mente, embora possa ter efeitos nas funções físicas do corpo.

O poder do pensamento

Vocês estão onde estão e são o que são por causa de seus hábitos de pensamento. Deixem-me repetir isso para que realmente assimilem essa informação. Vocês estão onde estão e são o que são por causa de seus hábitos de pensamento.

Autodisciplina

Seus hábitos de pensamento são as únicas circunstâncias de sua vida sobre as quais vocês têm total controle, o que é o mais profundo de todos os fatos da vida, porque claramente prova que o Criador reconheceu a necessidade desse grande privilégio. Caso contrário, não teria tornado essa circunstância a única sobre a qual lhes concedeu controle exclusivo.

Outra prova do desejo do Criador de dar aos seres humanos o direito imutável de controlar seus hábitos foi claramente revelada na lei da Força Cósmica do Hábito — o meio pelo qual os hábitos de pensamento são fixados e tornados permanentes, de modo que se tornem automáticos e operem sem esforço voluntário.

Por enquanto, só estou interessado em chamar atenção para o fato de que o Criador do mecanismo maravilhoso conhecido como cérebro engenhosamente o dotou de um recurso com o qual todos os hábitos de pensamento são assumidos e expressados automaticamente.

A autodisciplina é o princípio que nos permite formar voluntariamente os padrões de pensamento para harmonizá-los com nossos fins e objetivos.

Esse privilégio traz uma grande responsabilidade, porque é o que determina, mais do que todos os outros, a posição na vida que cada pessoa ocupará. Se esse privilégio for desconsiderado pela incapacidade de voluntariamente formar hábitos que levam a fins específicos, as circunstâncias da vida que estão além do nosso controle farão o trabalho, frequentemente muito malfeito.

Todos temos uma porção de hábitos. Alguns são formados por nós mesmos, e outros são involuntários. São formados por medos e dúvidas, preocupações e ansiedades, ganância e su-

A chave mestra das riquezas

perstição, inveja e ódio. A autodisciplina é o único meio pelo qual os hábitos de pensamento podem ser controlados e dirigidos até serem assumidos e expressados automaticamente pela lei da Força Cósmica do Hábito. Pense sobre isso cuidadosamente, porque é a chave para seu destino mental, físico e espiritual.

Vocês podem manter sua mente treinada no que desejam da vida e obter exatamente isso. Ou podem alimentá-la com pensamentos sobre o que não desejam, e sua mente infalivelmente lhes trará exatamente isso. Seus hábitos de pensamento se desenvolvem com o alimento que há em sua mente. Isso é tão certo quanto o fato de que a noite vem depois do dia!

Acionem todos os poderes da sua vontade e assumam total controle de sua própria mente. A mente é sua! Foi-lhes dada para ajudá-los a realizar seus desejos. E ninguém pode penetrar nela ou influenciá-la no menor grau sem seu consentimento e sua cooperação.

Como esse fato é profundo!

Lembrem-se disso quando as circunstâncias sobre as quais vocês parecem não ter controle começarem a surgir e incomodá-los. Lembrem-se disso quando o medo e a dúvida começarem a estacionar no espaço vazio em sua mente que deveria ser preenchido com consciência de prosperidade. E lembrem-se também de que isso é autodisciplina — o único método pelo qual qualquer um pode tomar plena posse de sua própria mente.

Vocês não são um verme feito para rastejar no pó da terra. Se fossem, teriam sido equipados com o meio físico de rastejar sobre sua barriga em vez de andar com suas duas pernas. Seu corpo físico foi projetado para lhes permitir ficar em pé, andar

Autodisciplina

e pensar em como realizar a mais alta conquista que sejam capazes de conceber.

Por que contentar-se com menos? Por que vocês deveriam insultar seu Criador com indiferença ou negligência no uso da dádiva mais inestimável Dele, o poder de sua própria mente?

Os possíveis poderes da mente humana estão além da compreensão. E um dos grandes mistérios que perdura ao longo dos tempos é nossa incapacidade de reconhecer e usar esses poderes para criar nosso próprio destino no mundo!

Os vinte grandes poderes da mente humana

A mente foi habilmente provida de uma porta para a Inteligência Infinita, através da mente subconsciente, e essa porta foi projetado para ser aberta para uso voluntário pela preparação para aquele estado mental conhecido como Fé.

Deixem-me relacionar mais detalhadamente esses poderes.

1. A mente foi provida de uma capacidade de imaginação que torna possível criar modos e meios de traduzir esperança e objetivo em realidades práticas. Foi provida de uma estimulante capacidade de desejar e se entusiasmar, com a qual os planos e objetivos podem ser postos em prática. Foi provida do poder da vontade, que permite que o plano e o objetivo sejam mantidos indefinidamente.

2. Foi provida da capacidade de ter Fé, por meio da qual as faculdades da vontade e da razão podem ser subjugadas enquanto toda a máquina da mente é entregue à força orientado-

A chave mestra das riquezas

ra da inteligência infinita. E foi preparada pelo sexto sentido para uma conexão direta com outras mentes (com o princípio Master Mind), com a qual pode acrescentar ao seu próprio poder as forças incentivadoras de outras mentes que estimulam tão eficientemente a imaginação.

3. Foi provida da faculdade da razão, por meio da qual fatos e teorias podem ser combinados em hipóteses, ideias e planos.

4. Foi provida do poder de se projetar em outras mentes, com o que é conhecido como telepatia.

5. Foi provida do poder de dedução, pelo qual pode prever o futuro analisando o passado. Essa capacidade explica por que o filósofo olha para trás para ver o futuro.

6. Foi provida dos meios de escolha, modificação e controle da natureza dos pensamentos, proporcionando assim o privilégio de construir o próprio caráter, de modo a se ajustar a qualquer padrão desejado, e o poder de determinar o tipo de pensamento que deve dominar a mente.

7. Foi provida de um maravilhoso sistema de arquivo para receber, gravar e lembrar de todos os pensamentos expressados, com o que é conhecido como memória, e esse maravilhoso sistema classifica e arquiva automaticamente pensamentos relacionados de tal modo que lembrar de um pensamento particular faz lembrar de pensamentos associados.

8. Foi provida do poder da emoção com o qual pode, quando quiser, estimular o corpo a realizar uma ação desejada.

Autodisciplina

9. Foi provida do poder de funcionar secreta e silenciosamente, garantindo a privacidade do pensamento em qualquer circunstância.

10. Tem uma capacidade ilimitada de receber, organizar, armazenar e expressar conhecimentos sobre todos os temas, tanto nos campos da física e metafísica quanto do mundo exterior e interior.

11. Tem o poder de ajudar a manter a boa saúde física, e aparentemente é a única fonte de cura das doenças físicas — todas as outras fontes são meramente contributivas — e apresenta um sistema de reparo perfeito para manter o corpo físico — um sistema que funciona automaticamente.

12. Possui e opera automaticamente um maravilhoso sistema químico que converte alimento em combinações adequadas para a manutenção e o reparo do corpo.

13. Opera automaticamente o sistema cardíaco pelo qual o fluxo sanguíneo distribui alimento para todas as partes do corpo e remove todos os materiais residuais e as células velhas.

14. Tem o poder de autodisciplina com o qual pode formar e manter qualquer hábito desejado até que seja assumido pela lei da Força Cósmica do Hábito e expressado automaticamente.

15. É o local de encontro comum em que podemos comungar com a Inteligência Infinita por meio da oração (ou de qualquer forma de desejo expressado ou definição de objetivo) pelo simples processo de abrir a porta para a mente subconsciente, através da Fé.

A chave mestra das riquezas

16. É a única criadora de todas as ideias, todas as ferramentas, todas as máquinas e todas as invenções mecânicas para o conforto da vida no mundo material.

17. É a única criadora de toda a felicidade e toda a infelicidade, e de pobreza e riqueza de toda natureza, e dedica suas energias à expressão do que quer que a domine pelo poder do pensamento.

18. É a única fonte de todos os relacionamentos e todas as formas de convívio humano; aquela que constrói amizades e cria inimigos, de acordo com a maneira pela qual é dirigida.

19. Tem o poder de resistir e se proteger contra todas as circunstâncias e condições externas, embora nem sempre possa controlá-las.

20. Dentro do razoável, não tem limitações (exceto as que estão em conflito com as leis da natureza), a não ser as que o indivíduo aceita por falta de Fé. Realmente, "tudo que a mente pode conceber e em que pode acreditar, a mente pode conseguir".

Eu poderia dar pelo menos mais vinte exemplos do quanto a mente é incrivelmente poderosa. E, apesar de todo esse surpreendente poder da mente, a maioria das pessoas não tenta em nenhum momento assumir o controle da sua própria, e sofre acovardada por temores ou dificuldades que só existem em sua imaginação.

A tolice do medo

O arqui-inimigo do sucesso é o MEDO! Temos medo da pobreza em meio a uma superabundância de riquezas. Temos medo

Autodisciplina

de doenças, apesar do engenhoso sistema fornecido pela natureza com o qual o corpo físico é automaticamente preservado, reparado e mantido em funcionamento.

Temos medo de críticas quando não há quaisquer críticas além das que estabelecemos em nossa mente com o uso negativo de nossa imaginação.

Temos medo da perda do amor de amigos e parentes, embora saibamos muito bem que nossa própria conduta pode ser suficiente para manter o amor em todas as circunstâncias comuns do relacionamento humano.

Temos medo da velhice, quando deveríamos aceitá-la como um meio de obter mais sabedoria e conhecimento.

Temos medo de perder a liberdade, mesmo sabendo que ela é uma questão de relacionamentos harmoniosos com os outros.

Temos medo da morte, ainda que saibamos que ela é inevitável — portanto, que está além do nosso controle.

Temos medo do fracasso, sem reconhecer que todos os fracassos carregam a semente de um benefício equivalente.

E tínhamos medo do raio até Franklin, Edison e alguns outros raros indivíduos, que ousaram tomar posse de sua própria mente, provarem que o raio é uma forma de energia física que pode ser dominada e usada em benefício da humanidade.

Em vez de abrir nossa mente para a orientação da inteligência infinita por meio da Fé, nós a fechamos firmemente com todos os graus concebíveis de limitação autoimposta resultantes de medos desnecessários.

Sabemos que os seres humanos dominam todas as outras criaturas vivas neste planeta, mas não conseguimos olhar para nós mesmos e aprender com os pássaros no ar e os animais na

A chave mestra das riquezas

selva que até mesmo os animais irracionais são sabiamente providos de alimento e tudo o mais necessário para sua subsistência, por meio do plano universal que torna todos os medos infundados e tolos.

Nós reclamamos da falta de oportunidades e bradamos contra aqueles que ousam tomar posse de nossa mente, sem reconhecer que todas as pessoas com uma mente sã têm o direito e o poder de obter todas as coisas materiais de que precisam ou que possam usar.

Tememos o desconforto da dor física, sem reconhecer que a dor é uma linguagem universal com que somos avisados de males e perigos que precisam de correção.

Em virtude de nossos medos, procuramos o Criador com orações por detalhes insignificantes que poderíamos e deveríamos resolver por nós mesmos, e depois desistimos e perdemos a Fé (se é que tínhamos alguma) quando não obtemos os resultados que pedimos, sem reconhecer nosso dever de fazer orações de agradecimento pelas bênçãos abundantes que nos foram concedidas pelo poder de nossa mente.

Falamos e fazemos sermões sobre pecado, sem reconhecer que o maior deles é o da perda da fé em um Criador onisciente que concedeu a Seus filhos mais bênçãos do que qualquer pai terreno jamais pensaria em conceder.

Transformamos as revelações de invenções em ferramentas de destruição com o que polidamente chamamos de "guerra", e depois gritamos em protesto quando a lei da compensação nos paga com fome e depressão econômica.

Nós abusamos do poder da mente de inúmeras maneiras, porque não reconhecemos que esse poder pode ser aproveitado com autodisciplina e usado para servir às nossas necessidades.

Autodisciplina

Assim, passamos pela vida comendo as cascas e jogando fora as sementes da fartura!

Alguns dos fatos conhecidos sobre a natureza do pensamento

Antes de terminar a análise da autodisciplina, que trata totalmente do "mecanismo" do pensamento, deixem-me descrever brevemente alguns dos fatos e hábitos de pensamento conhecidos para que possamos apreender a arte do pensamento preciso.

1. Todos os pensamentos (sejam eles positivos ou negativos, bons ou maus, precisos ou imprecisos) tendem a se transformar em seu equivalente físico, e fazem isso inspirando-nos com ideias, planos e modos de atingir os objetivos desejados, por meios lógicos e naturais.

Depois que o pensamento sobre determinado assunto se torna um hábito e é assumido pela lei da Força Cósmica do Hábito, a mente subconsciente o leva à sua conclusão lógica, com a ajuda de quaisquer meios naturais disponíveis.

Pode não ser literalmente verdade que "pensamentos são coisas", mas é verdade que os pensamentos criam todas as coisas, e essas coisas são cópias surpreendentes dos padrões de pensamento dos quais foram formados.

Alguns acreditam que todos os pensamentos liberados começam com uma série interminável de vibrações com as quais a pessoa que libera o pensamento mais tarde será compelida a lidar; que nós todos somos apenas um reflexo físico do pensamento posto em movimento e cristalizado em forma física pela inteligência infinita.

255

A chave mestra das riquezas

Muitos também acreditam que a energia com que pensamos é apenas uma parte mínima projetada da Inteligência Infinita, obtida do suprimento universal com o equipamento do cérebro. Nenhum pensamento contrário a essa crença já foi provado correto.

2. Por meio da aplicação da autodisciplina, o pensamento pode ser influenciado, controlado e dirigido por meio da transmutação para um fim desejado, pelo desenvolvimento de hábitos voluntários adequados para a obtenção de um determinado fim.

3. O poder do pensamento controla (com a ajuda da mente subconsciente) todas as células do corpo, realiza todos os reparos e as substituições de células danificadas ou mortas, estimula seu crescimento, influencia a ação de todos os órgãos do corpo e os ajuda a funcionar habitual e ordenadamente e a combater doenças com o sistema imunológico. Essas funções são realizadas automaticamente, mas muitas delas podem ser estimuladas com ajuda voluntária.

4. Todas as realizações começam na forma de pensamento, organizado em planos, metas e objetivos e expressado em termos de ação física. Todas as ações são inspiradas por um ou mais dos nove motivos básicos.

5. Todo o poder da mente opera por meio de suas duas partes, a consciente e a subconsciente.

A parte consciente está sob o controle do indivíduo; a subconsciente é controlada pela Inteligência Infinita e serve como o meio de comunicação entre a Inteligência Infinita e a mente consciente.

Autodisciplina

O "sexto sentido" está sob o controle da parte subconsciente da mente e funciona de modo automático em certas bases fixas, mas pode ser influenciado a funcionar seguindo as instruções da mente consciente.

6. Tanto a parte consciente da mente quanto a subconsciente funcionam em resposta a hábitos fixos, ajustando-se a quaisquer hábitos de pensamento que o indivíduo possa estabelecer, sejam hábitos voluntários ou involuntários.

7. Quase todos os pensamentos liberados são imprecisos, porque são inspirados por opiniões pessoais a que chegamos sem o exame dos fatos, ou fruto de tendências, preconceitos, temores e excitação emocional que a faculdade da razão teve muito poucas oportunidades, se teve alguma, de modificar racionalmente.

8. O primeiro passo no pensamento exato (um passo que só é dado por aqueles com a autodisciplina) é separar os fatos de ficção e evidência de boatos. O segundo passo é separar os fatos (depois de serem identificados como tal) em duas classes: importantes e sem importância. Um fato importante é o que pode ser usado para ajudar a pessoa a atingir seu objetivo principal ou qualquer objetivo menor que leve ao objetivo principal.

Todos os outros fatos são relativamente sem importância. A pessoa comum passa a vida lidando com "interferências" de fontes de informação não confiáveis e fatos sem importância. Por isso, raramente chega perto daquela forma de autodisciplina que exige fatos e sabe a diferença entre fatos importantes e sem importância.

A chave mestra das riquezas

9. O desejo baseado em um motivo definido é o começo de todas as ações de pensamento voluntário associadas à realização individual. A presença de um desejo intenso na mente tende a estimular a faculdade da imaginação a criar modos e meios de obter o que deseja. O desejo é constantemente mantido (pela repetição de pensamento), assimilado pela mente subconsciente e automaticamente levado à sua conclusão lógica.

Esses são alguns dos fatos conhecidos mais importantes relacionados com o maior de todos os mistérios — o mistério do pensamento humano — e indicam claramente que o pensamento preciso só pode ser alcançado com os mais rígidos hábitos de autodisciplina.

Uma mulher na audiência ergueu a mão.

— Por onde e como começamos a desenvolver a autodisciplina? — perguntou.

— Boa pergunta — respondeu o cavalheiro. — Podemos muito bem começar pela concentração em um Objetivo Principal Definido. Nada grande jamais foi obtido sem o poder da concentração.

Como a autodisciplina pode ser aplicada

Apresentamos uma descrição completa dos dez fatores pelos quais o poder do pensamento é expresso. Seis desses fatores estão sujeitos ao controle da autodisciplina:

1. A faculdade da vontade
2. A faculdade das emoções

Autodisciplina

3. A faculdade da razão
4. A faculdade da imaginação
5. A faculdade da consciência
6. A faculdade da memória

Os quatro fatores restantes agem independentemente, e não estão sujeitos ao controle voluntário, à exceção dos cinco sentidos, que podem ser influenciados e dirigidos com a formação de hábitos voluntários.

Apresentamos uma imagem em perspectiva dos seis departamentos da mente em que a autodisciplina pode ser facilmente mantida.

Não tivemos outra escolha além de situar o ego, a base do poder da vontade, na primeira posição, porque a força de vontade pode controlar todos os outros departamentos da mente, e tem sido adequadamente chamada de "Suprema Corte" da mente, cujas decisões são finais e não sujeitas a apelação em nenhuma corte superior.

A faculdade das emoções fica em segundo plano, pois é sabido que a maioria das pessoas é governada por suas emoções; portanto, eles são classificados ao lado da "Suprema Corte".

A faculdade da razão está no terceiro lugar em importância porque é a influência modificadora pela qual a ação emocional pode ser preparada para uso seguro. A "mente bem equilibrada" é a mente que representa um compromisso entre a faculdade das emoções e a faculdade da razão. Esse compromisso geralmente é estabelecido pelo poder da "Suprema Corte", a faculdade da vontade.

A chave mestra das riquezas

A faculdade da vontade às vezes decide com as emoções, em outras ocasiões projeta sua influência para o lado da faculdade da razão, mas sempre tem a última palavra, e qualquer lado que apoie é o lado vencedor de todas as controvérsias entre razão e emoções. Que sistema engenhoso!

A faculdade da imaginação vem em quarto lugar, porque é o departamento que cria ideias, planos e modos e meios de atingir os objetivos desejados, todos inspirados pela faculdade das emoções ou da vontade. Poderíamos dizer que a faculdade da imaginação serve à mente como um "comitê de modos e meios", mas frequentemente sai em fantásticas viagens de exploração de lugares em que não tem nenhum interesse legítimo ligado à faculdade da vontade. Nessas viagens autoinspiradas, a imaginação costuma ter o pleno consentimento, a cooperação e a urgência das emoções, o que é o principal motivo pelo qual todos os desejos que se originam da faculdade das emoções devem ser atentamente examinados pela faculdade da razão e, se preciso, rejeitados pela faculdade da vontade.

Quando as emoções e a imaginação ficam fora da supervisão da razão e do controle da vontade, são como um bando de estudantes travessos que decidiram matar aula e acabam no velho poço de natação ou no canteiro de melancias do vizinho.

Não há nenhuma forma de travessura em que essas duas não se metam! Por isso, precisam de mais autodisciplina do que todas as outras faculdades da mente juntas.

Os outros dois departamentos, a consciência e a memória, são complementos necessários da mente, e embora ambos sejam importantes, pertencem ao fim da lista, para onde foram designados.

Autodisciplina

O subconsciente obteve a posição acima de todos os outros departamentos da mente porque é o elo entre a mente consciente e a Inteligência Infinita, e o meio pelo qual todos os departamentos da mente recebem o poder do pensamento.

O subconsciente não é sujeito a controle, mas é sujeito a influência, pelos meios aqui descritos. Ele age por iniciativa própria, voluntariamente, embora sua ação possa ser acelerada pela intensificação das emoções ou aplicação do poder da vontade de um modo altamente concentrado.

Um desejo ardente por trás de um Objetivo Principal Definido pode estimular a ação da mente subconsciente e acelerar suas operações.

Como o subconsciente se relaciona com as partes da mente

O relacionamento entre o subconsciente e os seis outros departamentos é sob muitos aspectos parecido com o do fazendeiro e com as leis da natureza segundo as quais suas plantações crescem.

O fazendeiro tem certos deveres fixos a cumprir, como preparar o solo, plantar a semente na época certa e remover as ervas daninhas, e só então seu trabalho termina. Daí em diante a natureza assume, germina e amadurece a semente e produz uma colheita.

O subconsciente pode ser comparado ao fazendeiro que prepara o terreno com a formulação de planos e objetivos, conduzido pela faculdade da vontade. Se seu trabalho é feito corretamente, e uma imagem clara do que ele deseja é criada (a

A chave mestra das riquezas

imagem sendo a semente do objetivo desejado), o subconsciente capta a imagem, usa o poder da Inteligência Infinita para interpretá-la, obtém a informação necessária e a apresenta ao consciente na forma de um plano de procedimento prático.

Ao contrário das leis da natureza que germinam sementes e produzem uma colheita para o fazendeiro dentro de um período definido e pré-determinado, o subconsciente pega as sementes de ideias ou objetivos que lhe foram entregues e fixa seu próprio tempo para a apresentação do plano para sua realização.

O poder da vontade, expresso em termos de um desejo ardente, é o único meio pelo qual a ação do subconsciente pode ser acelerada. Assim, tomando plena posse de nossas próprias mentes e exercendo o poder da vontade, obtemos um poder de proporções estupendas. E o ato de dominar o poder da vontade, de modo que possa ser usado para a realização de qualquer objetivo desejado, é autodisciplina da mais alta ordem. O controle da vontade exige persistência, fé e Definição de Objetivo.

Na área de vendas, por exemplo, todos os profissionais experientes sabem que aqueles que são persistentes estão no topo da lista de realização de vendas. Em algumas áreas de vendas, como a de seguros de vida, a persistência é a qualidade mais importante para o vendedor. E a persistência na área de vendas ou em qualquer outra é uma questão de rígida autodisciplina.

Essa mesma regra se aplica à área de propaganda. Os publicitários repetem seus esforços com inabalável persistência, mês após mês e ano após ano, com infinita regularidade, e especialistas em propaganda têm evidências convincentes de que essa é a única política que produz resultados satisfatórios.

Autodisciplina

Os pioneiros que colonizaram os Estados Unidos, quando esse país era apenas uma vastidão de seres primitivos e animais selvagens, demonstraram o que pode ser conseguido com força de vontade e persistência.

Em um período posterior da história de dos Estados Unidos, depois que os pioneiros haviam conferido à sociedade uma aparência civilizada, George Washington e seu pequeno exército de soldados desnutridos, maltrapilhos e mal equipados provaram mais uma vez que a força de vontade aplicada com persistência é imbatível.

E os grandes pioneiros da indústria norte-americana, como Henry Ford, Thomas A. Edison e Andrew Carnegie, nos deram outra demonstração dos benefícios da força de vontade apoiada pela persistência. Esses pioneiros, e todos os outros de seu tipo que fizeram grandes contribuições para o estilo de vida norte-americano, tinham autodisciplina, e a obtiveram por meio do poder da vontade, apoiado com persistência.

Toda a carreira de Andrew Carnegie fornece um ótimo exemplo dos benefícios da autodisciplina. Ele foi para os Estados Unidos quando era garoto e começou a trabalhar como operário. Tinha apenas uns poucos amigos, nenhum deles rico ou influente. Mas Carnegie tinha uma enorme capacidade de expressar sua força de vontade.

Realizando trabalho manual durante o dia e estudando à noite, aprendeu telegrafia e finalmente conquistou a posição de superintendente da Pennsylvania Railroad Company. Nessa posição, aplicou tão eficazmente alguns dos princípios dessa filosofia, entre eles o princípio da autodisciplina, que atraiu a atenção de homens com dinheiro e influência que podiam ajudá-lo a atingir seu Objetivo Principal na vida.

A chave mestra das riquezas

Nesse ponto de sua carreira, ele usufruía exatamente das mesmas vantagens dos outros operadores de telégrafo, nada a mais. Mas realmente tinha um trunfo que os outros operadores aparentemente não tinham: a vontade de vencer e uma ideia definida do que queria, junto com persistência para prosseguir até consegui-lo.

Isso também foi resultado de autodisciplina!

As maiores qualidades do Sr. Carnegie eram a força de vontade e a persistência, além de uma rígida autodisciplina com a qual essas qualidades eram controladas e direcionadas para a realização de um objetivo definido. Fora isso, ele não tinha nenhuma qualidade notável que alguém com inteligência média não tivesse. Exercendo sua força de vontade, Carnegie adotou um Objetivo Principal Definido e se fixou nele até se tornar o maior líder industrial dos Estados Unidos, sem falar na enorme fortuna pessoal que acumulou. A força de vontade e a autodisciplina direcionada para a realização de um objetivo definido deram origem à United States Steel Corporation, que revolucionou a indústria do aço e forneceu emprego para um enorme exército de trabalhadores especializados e não especializados.

Assim, vemos que uma pessoa bem-sucedida começa com autodisciplina na busca de um objetivo definido e persiste até alcançá-lo, com a ajuda desse mesmo princípio.

Obtendo poder pessoal

Quando Andrew Carnegie disse que "a força de vontade é uma força irresistível que não reconhece o fracasso como uma realidade", sem dúvida quis dizer que ela é irresistível quando or-

Autodisciplina

ganizada e direcionada para um fim específico, em um espírito de fé. Obviamente, ele pretendia enfatizar três princípios importantes dessa filosofia como a base de toda a autodisciplina adquirida, como:

1. Definição de Objetivo
2. Fé Aplicada
3. Autodisciplina

Contudo, devemos lembrar que o estado mental desenvolvido por meio desses três princípios pode ser atingido melhor e mais rapidamente com a aplicação de outros princípios dessa filosofia, entre eles:

1. Master Mind
2. Uma Personalidade Agradável
3. O hábito de Fazer um Esforço a Mais
4. Iniciativa Pessoal
5. Visão Criativa

Junte esses cinco princípios a Definição de Objetivo, Fé Aplicada e Autodisciplina, e você terá uma fonte de poder pessoal de enormes proporções.

O iniciante no estudo dessa filosofia pode achar difícil adquirir controle sobre sua força de vontade sem se aproximar desse controle, passo a passo, por meio do domínio e da aplicação desses oito princípios.

O domínio só pode ser obtido de um modo, que é a aplicação persistente e constante dos princípios. Eles devem ser en-

A chave mestra das riquezas

trelaçados nos hábitos diários e aplicados a todos os relacionamentos humanos e à solução de todos os problemas pessoais.
O poder só responderá ao motivo persistentemente perseguido!
E se fortalece do mesmo modo como um braço se fortalece com
o uso sistemático.

Aqueles com força de vontade adquirida por meio de autodisciplina não perdem a esperança ou desistem quando as
coisas se tornam difíceis. Outros sem força de vontade, sim.

Um humilde general passava a revista em uma tropa
de soldados cansados e desencorajadas que haviam acabado de
sofrer uma grande derrota na Guerra Civil. O general também
tinha um motivo para estar desencorajado, porque a guerra
estava se voltando contra ele.

Quando um de seus oficiais insinuou que o panorama parecia desencorajador, o general Grant ergueu sua cabeça cansada, fechou os olhos, cerrou os punhos e exclamou: "Nós lu-
taremos ao longo dessas fileiras nem que isso leve todo o verão!"
E ele lutou ao longo das fileiras que havia escolhido. É bem
possível que dessa firme decisão de um homem, apoiada por
sua vontade indomável, tenha vindo a vitória que preservou a
união dos estados.

Uma escola de pensamento diz que "a razão tem poder".
Outra afirma que "o poder tem razão". Mas aqueles com um
pensamento preciso sabem que a vontade, certa ou errada, tem
poder, e a história apoia essa crença.

Estudem pessoas que realizaram grandes feitos, onde puderem encontrá-las, e vocês encontrarão evidências de que o
poder da vontade, organizado e usado persistentemente, é o fator
dominante em seu sucesso. Além disso, descobrirão que

Autodisciplina

pessoas bem-sucedidas se comprometem com um sistema de autodisciplina mais rígido do que o imposto por circunstâncias além de seu controle.

Elas trabalham enquanto os outros dormem! Fazem um Esforço Extra e, se preciso, farão outro, sem parar até que tenham contribuído com o máximo de que são capazes.

Sigam seus passos apenas por um dia e vocês se convencerão de que elas não precisam de nenhum chefe para dirigi-las. Essas pessoas se movem por iniciativa pessoal porque conduzem seus esforços com a mais rígida autodisciplina. Apreciam elogios, mas não precisam deles para ser inspiradas a agir. Ouvem críticas, mas não as temem e não são desencorajadas por elas.

E às vezes fracassam, ou sofrem uma derrota temporária, como todo mundo, mas o fracasso só as estimula a se esforçar mais.

Enfrentam obstáculos, como todo mundo, mas os convertem em benefícios com os quais seguem na direção de seus objetivos escolhidos.

São desencorajadas, como todo mundo, mas fecham firmemente as portas para experiências desagradáveis e transmutam seus desapontamentos em energia renovada com a qual lutam até a vitória.

Quando a morte atinge sua família, enterram seus mortos, mas não suas vontades indomáveis.

Elas buscam o conselho de outras pessoas, extraem deles o que podem usar e rejeitam o resto, embora o mundo inteiro possa criticá-los por seu julgamento. Sabem que não podem controlar todas as circunstâncias que afetam suas vidas, mas controlam seu estado mental e suas reações mentais, sempre mantendo sua mente positiva. São testadas por suas próprias

A chave mestra das riquezas

emoções negativas, como todos são, mas controlam essas emoções transformando-as em servos leais.

Tenhamos em mente que com autodisciplina podemos fazer duas coisas importantes, ambas essenciais para as grandes conquistas. Em primeiro lugar, podemos controlar totalmente as emoções negativas, transmutando-as em esforços construtivos e usando-as como inspiração para uma empreitada maior. Em segundo, podemos estimular as emoções positivas e dirigi-las à obtenção de qualquer fim desejado. Assim, controlando tanto as emoções positivas quanto as negativas, as faculdades da razão e da imaginação são deixadas livres para funcionar.

O controle sobre as emoções é obtido gradualmente, pelo desenvolvimento de hábitos de pensamento que conduzem ao controle. Esses hábitos deveriam ser formados em conexão com as circunstâncias pequenas e insignificantes da vida, porque é verdade que, como disse certa vez o juiz da Suprema Corte norte-americana Brandeis: "O cérebro é como a mão. Desenvolve-se com o uso."

Controlando os seis departamentos da mente

Um a um, os seis departamentos da mente sujeitos à autodisciplina podem ser postos totalmente sob controle, a começar pelos hábitos que proporcionam controle sobre as emoções, porque é verdade que a maioria das pessoas é vítima de suas emoções descontroladas durante toda a vida. A maioria é serva, não senhora de suas emoções, porque nunca estabeleceu hábitos sistemáticos para controlá-las.

Autodisciplina

Todos que decidiram controlar os seis departamentos da mente com um sistema de rígida disciplina deveriam adotar e seguir um plano definitivo para manter esse objetivo.

Um estudante desta filosofia escreveu um credo sobre esse objetivo, e seguiu-o tão rigorosamente que logo lhe permitiu tornar-se totalmente consciente da autodisciplina. Isso funcionou tão bem que eu o apresento aqui para o benefício de outros estudantes da filosofia.

O credo foi assinado e repetido oralmente duas vezes por dia, uma pela manhã ao se levantar e a outra antes de dormir. Esse procedimento proporcionou ao estudante o benefício do princípio da autossugestão, pelo qual o credo foi transmitido claramente para o subconsciente, que o captou e agiu automaticamente de acordo com ele. Eu incluí uma cópia do credo em seus pacotes de orientação. Para ajudá-los a começar, o recitarei agora. O credo é este:

Um credo para a autodisciplina

Força de vontade:
Reconhecendo que a Força de Vontade é a Suprema Corte de todos os outros departamentos da mente, eu a exercerei diariamente, quando precisar de ação urgente para qualquer objetivo, e formarei hábitos para acionar o poder da minha vontade pelo menos uma vez por dia.

Emoções:
Reconhecendo que minhas emoções são tanto positivas quanto negativas, formarei hábitos diários que estimularão o desen-

A chave mestra das riquezas

volvimento das emoções positivas, que me ajudarão a transformar as emoções negativas em alguma forma de ação útil.

RAZÃO:
Reconhecendo que tanto as minhas emoções positivas quanto as negativas podem ser perigosas se não forem controladas e guiadas para fins desejáveis, submeterei todos os meus desejos e todas as minhas metas à minha faculdade da razão, e serei guiado por ela em sua expressão.

IMAGINAÇÃO:
Reconhecendo a necessidade de ideias e planos sólidos para realizar meus desejos, desenvolverei minha imaginação invocando-a diariamente para ajudar na elaboração dos meus planos.

CONSCIÊNCIA:
Reconhecendo que minhas emoções costumam pecar por seu excesso de entusiasmo e minha faculdade da razão frequentemente é desprovida da brandura necessária para me permitir combinar justiça com misericórdia em meus julgamentos, encorajarei minha consciência a me orientar sobre o que é certo e errado, mas nunca ignorarei o veredito a que chegar, não importa quanto me custe cumpri-lo.

MEMÓRIA:
Reconhecendo o valor de uma memória alerta, encorajarei minha memória a se tornar alerta, tomando o cuidado de imprimir claramente nela todos os pensamentos de que desejo me lembrar e de associá-los a temas que eu possa trazer à mente com frequência.

Autodisciplina

MENTE SUBCONSCIENTE:
Reconhecendo a influência de minha mente subconsciente sobre minha força de vontade, terei o cuidado de lhe submeter uma imagem clara e definida de meu Objetivo Principal na Vida e de todos os objetivos menores que levam a ele, e manterei essa imagem em minha mente subconsciente repetindo-a todos os dias.

A disciplina mental é obtida, pouco a pouco, pela formação de hábitos que podemos controlar. Os hábitos começam na mente. Portanto, uma repetição diária desse credo nos tornará conscientes do tipo de hábitos necessários para desenvolver e controlar os seis departamentos da mente.

O simples ato de repetir os nomes desses departamentos tem um efeito importante. Isso nos torna conscientes de que esses departamentos existem; de que são importantes; de que podem ser controlados pela formação de hábitos de pensamento; e de que a natureza desses hábitos determina o sucesso ou o fracasso na questão da autodisciplina.

Antes de reconhecermos essa verdade, devemos reconhecer a existência e a natureza de nossas emoções, e o poder que está disponível para aqueles que as controlam — uma forma de reconhecimento que muitas pessoas nunca obtêm durante toda a vida.

Emoções negativas: o derradeiro inimigo

É um fato bem estabelecido que um inimigo reconhecido é um inimigo semiderrotado. E isso se aplica tanto aos inimigos que

A chave mestra das riquezas

operam dentro da mente quanto aos que operam fora dela; e especialmente se aplica aos inimigos das emoções negativas. Uma vez que esses inimigos tenham sido reconhecidos, a pessoa começa quase inconscientemente a estabelecer, pela autodisciplina, hábitos com os quais contra-atacá-los.

O mesmo raciocínio também se aplica aos benefícios das emoções positivas, porque é verdade que um benefício reconhecido é um benefício facilmente utilizado. As emoções positivas são benéficas porque são parte da força motriz da mente; mas são úteis apenas quando organizadas e dirigidas à realização de fins definidos e construtivos. Se não foram controladas, podem se tornar tão perigosas quanto qualquer uma das emoções negativas.

O meio de controle é a autodisciplina voluntária e sistematicamente aplicada pelos hábitos de pensamento. Vejam a emoção da fé, por exemplo. Essa emoção, a mais poderosa de todas, só pode ser útil quando se expressa em ação construtiva e organizada baseada em Definição de Objetivo.

Fé sem ação é inútil, porque pode se reduzir a devaneio, desejo e vaga esperança. A autodisciplina é o meio pelo qual podemos estimular a emoção da Fé com definição de objetivo e persistência.

A disciplina deveria começar com o estabelecimento de hábitos que estimulam o uso do poder da vontade, porque é no ego — a base do poder da vontade — que os desejos se originam. Portanto, as emoções do desejo e da Fé estão definitivamente relacionadas. Onde existe um desejo ardente, também existe a capacidade de Fé que corresponde exatamente à intensidade do desejo. Os dois estão sempre associados. Estimule um e você

Autodisciplina

estimulará o outro. Controle e direcione um, por meio de hábitos organizados, e você controlará e direcionará o outro. Isso é autodisciplina da mais alta ordem.

A autodisciplina de um dos maiores primeiros-ministros da Inglaterra

Benjamin Disraeli, conhecido em todos os livros de história como um dos melhores primeiros-ministros que a Inglaterra já teve, resumiu suas grandes conquistas em uma frase: "O segredo do sucesso é a constância de objetivo."

Ele começou a carreira como escritor, mas não foi muito bem-sucedido nessa área. Nenhum de seus livros causou grande impressão no público. Então ele entrou para a política, tendo em mente tornar-se o primeiro-ministro do que era na época o vasto Império.

Disraeli tornou-se membro do Parlamento de Maidsdone, mas seu primeiro discurso para o Parlamento foi amplamente reconhecido como um fracasso.

Persistindo, tornou-se líder da Câmara dos Comuns e, mais tarde, ministro das Finanças. Então realizou seu Objetivo Principal Definido, tornando-se primeiro-ministro. Ele enfrentou uma oposição terrível, suficiente para fazê-lo renunciar.

Mas encenou um retorno e foi eleito primeiro-ministro pela segunda vez, depois tornando-se um grande arquiteto do império. Seu maior feito foi a construção do Canal de Suez. Nada disso teria acontecido se a carreira de Disraeli não se baseasse em autodisciplina.

A chave mestra das riquezas

Ele conseguiu superar a maior situação de risco para a maioria das pessoas!

Elas desistem quando as coisas se tornam difíceis, e frequentemente desistem quando um passo a mais as teria levado à vitória.

A força de vontade é necessária principalmente quando as oposições da vida são maiores, e a autodisciplina a fornecerá para todas as emergências desse tipo, grandes ou pequenas.

O ex-presidente dos Estados Unidos, Theodore Roosevelt, foi outro exemplo do que pode acontecer quando um líder é motivado pela vontade de vencer, apesar de seriamente afetado por asma crônica e visão fraca. Seus amigos temiam que ele nunca recuperasse a saúde, mas Roosevelt não compartilhava de suas opiniões, graças ao reconhecimento do poder da autodisciplina.

Roosevelt foi para o Oeste, juntou-se a um grupo de trabalhadores externos e se pôs em um sistema definitivo de autodisciplina, com o qual desenvolveu um corpo forte e uma mente resoluta. Alguns médicos o desaconselharam a fazer isso, mas ele se recusou a aceitar tal veredito.

Em sua batalha para recuperar a saúde, Roosevelt adquiriu uma autodisciplina tão perfeita que voltou para o Leste, entrou para a política e foi em frente até que sua vontade de vencer o tornou presidente dos Estados Unidos.

Aqueles que o conheciam melhor disseram que sua maior qualidade era uma vontade que se recusava a aceitar a derrota como algo mais do que uma necessidade urgente de mais esforço. Além dessa qualidade, sua educação e sua experiência não eram de modo algum superiores às das pessoas ao seu redor.

Autodisciplina

Quando Roosevelt era presidente, alguns oficiais do Exército reclamaram de uma ordem sua de se manterem com um bom condicionamento físico. Para mostrar que sabia do que estava falando, ele cavalgou por 160 quilômetros pelas estradas acidentadas da Virgínia, seguido pelos oficiais do Exército que se esforçavam por acompanhar seu ritmo.

Por trás dessa ação física havia uma mente ativa determinada a não ser prejudicada por desvantagens físicas, e essa atividade mental se refletiu em toda a sua administração da Casa Branca.

Quando a mente diz "vá em frente", o corpo físico obedece, provando a verdade da afirmação de Andrew Carnegie de que "nossas únicas limitações são as que criamos em nossas mentes".

Uma expedição francesa havia tentado construir o Canal do Panamá, mas fracassara.

Theodore Roosevelt afirmou que o canal seria construído, e se pôs a trabalhar para expressar sua fé em termos de ação. O canal foi construído! O poder pessoal vem com a vontade de vencer! Mas só pode ser liberado para ação pela autodisciplina, e por nenhum outro meio.

A perseverança compensa

Robert Louis Stevenson era frágil desde o dia de seu nascimento. Até completar 17 anos, sua saúde o impediu de se dedicar com constância aos estudos. Aos 23, sua saúde piorou tanto que os médicos o enviaram para o Sul.

Lá ele conheceu uma mulher por quem se apaixonou. Seu amor por ela era tão grande que lhe deu um novo fôlego, um

A chave mestra das riquezas

novo motivo para ação, e ele começou a escrever, embora seu corpo físico mal tivesse força suficiente para carregá-lo. Stevenson continuou a escrever até enriquecer muito o mundo com seus textos, agora universalmente considerados obras-primas.

O mesmo motivo, o amor, também deu asas aos pensamentos de tantos outros que, como Robert Louis Stevenson, tornaram este mundo mais rico e melhor. Sem o motivo do amor, Stevenson sem dúvida teria morrido sem ter feito suas contribuições para a humanidade. Ele transmitiu seu amor pela mulher em obras literárias, com hábitos de autodisciplina que colocaram os seis departamentos de sua mente sob controle.

De modo parecido, Charles Dickens transformou uma tragédia amorosa em obras literárias que enriqueceram o mundo. Em vez de sucumbir ao golpe do desapontamento com seu primeiro caso amoroso, ele afogou sua tristeza na intensidade do ato de escrever. Assim, fechou a porta para uma experiência que muitos poderiam ter usado como uma fuga de seu dever — um álibi para seu fracasso.

Com autodisciplina, transformou sua maior tristeza em seu maior bem, porque lhe revelou a presença daquele "outro eu" onde reside o poder de genialidade que ele refletiu em suas obras literárias.

Há uma regra infalível para a superação das tristezas e das decepções, e é a transmutação das frustrações emocionais com trabalho definitivamente planejado. Essa é uma regra sem igual.

E o segredo de seu poder é a autodisciplina.

Liberdade de corpo e mente, independência e segurança econômica são resultados de iniciativa pessoal expressa por meio de autodisciplina. Por nenhum outro meio esses desejos universais podem ser assegurados.

Autodisciplina

Nós nos aproximamos do fim de nossa jornada

Nossa jornada juntos está prestes a terminar. Vocês devem percorrer o restante do caminho sozinhos. Se seguiram as instruções que lhes dei, com a atitude mental correta, estão agora em posse da grande Chave Mestra que abrirá a porta para o sucesso.

Agora devo lhes revelar uma grande verdade da maior importância. A Chave Mestra das Riquezas consiste no maior poder conhecido pelo homem: o poder do pensamento!

Vocês podem tomar posse da Chave Mestra tomando posse de sua própria mente, por meio da mais rígida autodisciplina.

Por meio da autodisciplina, podem considerar-se dentro ou fora de qualquer situação na vida!

A autodisciplina os ajudará a controlar sua atitude mental. Sua atitude mental pode ajudá-los a controlar todas as situações da vida, e transformar todas as adversidades, todas as derrotas e todos os fracassos em um bem de igual alcance. É por isso que a Atitude Mental Positiva encabeça a lista das doze Riquezas da Vida.

Portanto, deveria ser óbvio para vocês que sua grande Chave Mestra das Riquezas não é nada mais nada menos do que a autodisciplina necessária para ajudá-lo a tomar plena e total posse de sua própria mente!

Comecem bem onde estão e tornem-se senhores de si. Comecem agora! Acabem para sempre com aquele velho eu que os mantêm na miséria e na carência. Reorganizem e abracem seu "outro eu" que pode lhes dar tudo que seu coração almeja. Lembrem-se: é profundamente significativo que a única coisa sobre a qual vocês têm total controle seja sua própria atitude mental!

As luzes se apagaram. O distinto cavalheiro desapareceu na escuridão tão misteriosamente quanto chegara, mas havia dado a todos os membros daquela enorme audiência uma nova esperança, fé e coragem.

Quando as luzes voltaram a se acender, muitos na plateia permaneceram colados em suas cadeiras, tentando digerir o que tinham acabado de ouvir. Todos perceberam que haviam tido a sorte de passar um tempo com um homem tão sábio e maravilhoso.

E nós sinceramente esperamos que a leitura desta história os tenha ajudado a compartilhar essas bênçãos. Esperamos que deste momento em diante vocês sempre estejam em plena posse de sua atitude mental, a única coisa sobre a qual têm total controle, e que possam sintonizá-la em qualquer estação de vida que escolherem.

Se este livro não lhes trouxe nada além dessa grande verdade, ofereceu a vocês uma fonte de riquezas de valor incomparável, porque essa é a Chave Mestra de todas as Riquezas!

Este livro foi composto na tipografia Minion Pro,
em corpo 11,5/16, e impresso em
papel off-white no Sistema Cameron da
Divisão Gráfica da Distribuidora Record.